W0236073

KARL ■ MÜLLER

Text
Auretta Monesi

Gestaltung
Paola Piacco

Redaktion
Maria Valeria Urbani Grecchi
Enrico Lavagno

Übersetzung
Karin Hofmann

TÜRKEI

Inhalt

1 Diese Keramikfliese in schimmernden Blautönen gehört zum Wanddekor im Beschneidungssaal des Topkapi-Palastes. Die besten Keramik- und Fayencearbeiten wurden früher in Iznik hergestellt.

2-3 Die belebten Straßen von Istanbul und die beeindruckende osmanische Architektur der Stadt waren für europäische Künstler stets eine Quelle der Inspiration. Diese Lithographie aus dem 19. Jahrhundert basiert auf einem Gemälde von Eugène Flandin und vermittelt einen faszinierenden Eindruck von der Stadt, die einst das Zentrum eines mächtigen Reiches war.

4-7 Aufgrund der stetig wachsenden Bevölkerungszahl und der Häuser, die nur selten mehr als drei Stockwerke umfassen, erstreckt sich Istanbul zwischen dem Schwarzen Meer und dem Marmarameer, so weit das Auge reicht.

© 2002 White Star S.r.l.
Via C. Sassone 22/24
13100 Vercelli, Italien

2. Auflage 2003 Herausgegeben in Deutschland von Verlag Karl Müller GmbH
www.karl-mueller-verlag.de

Alle Rechte vorbehalten. Kein Teil des Werkes darf in irgendeiner Form (durch Fotokopie, Mikrofilm oder ein ähnliches Verfahren) ohne die schriftliche Genehmigung des Verlages reproduziert oder unter Verwendung elektronischer Systeme verarbeitet, vervielfältigt oder verbreitet werden.

ISBN 3-89893-102-1

Gedruckt bei Italien.
Lithos: Grafotitoli Bassoli, Sesto S. Giovanni (Mi)

Der Verlag dankt der türkischen Botschaft in Rom für ihre freundliche Unterstützung.

EINLEITUNG

*E*in Blick auf die Karte zeigt, dass die Türkei wie eine Art Bollwerk zwischen Europa und dem Osten liegt. Seit tausenden von Jahren begrenzt dieses Land Europa und gilt gleichzeitig als erste Region Asiens. Der asiatische Teil der Türkei macht 95 Prozent des Landes aus und befindet sich zwischen zwei Binnenmeeren, während das "Horn" des europäischen Teils die letzten Ausläufer des Balkans markiert. So zwischen Schwarzem Meer und Mittelmeer gelegen, wurde die Türkei im Lauf der Zeit von vielen Kulturen beeinflusst.

Bedeutsame Ereignisse prägten die Geschichte des Landes und hatten Auswirkungen auf sein Selbstverständnis. Hier entstand die anatolische Kultur und hier befindet sich das sagenhafte Troja, um das sich zahllose Mythen ranken. Die Türkei ist geprägt von der klassischen griechischen Kultur und auf ihrem Boden trug Alexander der Große zahllose Kämpfe aus. Das Land kam mit der Pax Romana in Berührung und erlebte regelrechte Invasionen aus dem Osten. In Byzanz entstand das Christentum, dort traten aber auch die Ketzer auf. Und nicht zuletzt siegte in der Türkei der Islam unter den Osmanen.

Die Türkei hat Jahrhunderte erlebt, in denen sich historische Ereignisse – Katastrophen und Siege – schier überschlugen und in deren Verlauf das Land schließlich zum großen Osmanischen Reich wurde. Dem schloss sich ein neues Zeitalter an, in dem die glanzvolle Welt der Sultane langsam verfiel, bis schließlich Mustafa Kemal Pascha (Atatürk), die Türkei zu einem modernen Staat machte und die Menschen lehrte, stolz auf ihre Vergangenheit zu sein.

Ein Blick in die Schulbücher zeigt, dass die Türkei wesentlich präsenter ist, als man glaubt. Dort tauchen die Namen von Ländern und Städten auf wie zum Beispiel Phrygien, Kilikien und Kolchis (wo Jason das Goldene Vlies suchte) oder Aphrodisias, Ephesos und Mazaka. Man lernt das prachtvolle und dekadente Konstantinopel kennen und liest die Legenden, die vom Durchschlagen des Gordischen Knotens oder von König Midas und dem Fluch des Apoll erzählen. All diese Orte, Personen und Ereignisse sind eng mit der Türkei verknüpft. Vor allem jedoch ist die Türkei ein wunderbares Land, dessen Schönheit nur hin und wieder durch hässliche Bauten an der Mittelmeerküste und in den Touristenhochburgen gestört wird.

Wenn man die archäologischen Stätten an der Küste bereist, fühlt man sich in die Zeit des Hellenismus zurückversetzt. Man sollte unbedingt Iznik besuchen, das mit prachtvollen Keramiken aufwartet, deren Kalligraphie jedoch nicht zu entziffern ist. Auf ein einzigartiges geologisches Phänomen trifft man in Kappadokien, wo Mutter Natur eine ganze Ebene mit nadelförmigen Felsen übersät hat, die

8-9 Die Metropole Istanbul, die sich auf beiden Seiten des Bosporus ausbreitet, ist einzigartig: Die rechte Hälfte der Stadt liegt in Asien, die linke in Europa.

9 links Diese Luftaufnahme zeigt den Ararat, einen erloschenen Vulkan mit doppeltem Kegel.

9 rechts Der Bosporus verbindet das Schwarze Meer (auf dem Foto oben) mit dem Marmarameer, das die Wolkendecke etwas heller erscheinen lässt. Die abwärts verlaufende Meeresstraße sind die Dardanellen zwischen der Ägäis und dem Marmarameer.

10 Mitte links
Fischerhäuser auf Kekova an der Küste von Lykien. Hier stößt man häufig auf byzantinische Befestigungsanlagen und auf von Wasser überflutete Ruinen ehemaliger Städte. Das Meer ist so klar, dass die Säulen und Kapitelle auf dem Meeresgrund mit bloßem Auge zu erkennen sind.

10 unten links
In Kata Kalesi, in der Nähe des Nemrud Dag mit dem Mausoleum Antiochos' I., liegen die Ruinen von Yeni Kale, einer Mameluckenfestung, die das Landesinnere vor Invasoren schützen sollte.

10-11
Trotz massiver Bemühungen, den Tourismus anzukurbeln, findet man an der Mittelmeerküste noch viele unberührte Abschnitte wie zum Beispiel diesen Strand auf Kekova, einer Insel, die für ihre Unterwasserruinen berühmt ist.

11 links
Diese natürlichen "Obelisken" stehen im Baglidere-Tal in Kappadokien. Es handelt sich dabei um die Felsnadeln aus Tuff-fels, deren bizarre Formen durch die Erosion vulkanischer Ascheschichten entstanden, die sich nach Vulkanausbrüchen verfestigt haben.

11 rechts
Das Gebiet des antiken Lykien ist relativ zerklüftet, mit Hügeln und Klippen, die zum kristallklaren Meer steil abfallen. Die herrliche Küste lässt sich am besten mit dem Boot erkunden.

10 oben links
Auf riesigen Feldern werden hauptsächlich Sonnenblumen, Weizen und Baumwolle angebaut. In Anatolien, wo sich weitläufige Ödlandflächen mit extrem fruchtbaren Gebieten abwechseln, wird der Ackerbau am intensivsten betrieben.

zu Zufluchtsorten wurden für Schäfer, Einsiedler und Mönche. Sie haben jahrhundertelang Häuser, Ställe, Einsiedeleien, Klöster, Kirchen, ja ganze Städte aus dem Tufffels geschlagen. Ebenso beeindruckend sind die versteinerten Wasserfälle von Pamukkale, weiße Kalksteinsinterterrassen, die wie die Felsen Kappadokiens einzigartige Meisterwerke der Natur darstellen. Einen Besuch lohnen auch die Burgen der Kreuzritter und die Karawansereien, jene alten Herbergen für die Kamelkarawanen, die unermüdlich Waren von einem Ende Asiens oder Afrikas zum anderen brachten.

Die türkische Seele allerdings ist gespalten – einerseits strebt sie nach Neuerungen und Veränderungen, andererseits möchte sie ihr historisches Erbe bewahren. Die Wolkenkratzer von Istanbul haben den alten Basar nicht verdrängt. Die Minarette der Moscheen erheben sich anmutig neben den überfüllten Stränden. Die anatolischen Kelims dienen heute nicht mehr als Fußbodenbeläge für Nomadenzelte, sondern zieren die Hallen moderner Hotels. All diese Kontraste und Widersprüche innerhalb der Türkei verstärken jedoch nur die Anziehungskraft dieses Landes. Man sieht noch immer Frauen, die ihr Haar bedecken und lange Mäntel tragen, aber – vor allem in den Städten – ebenso viele junge Mädchen in Jeans und T-Shirt, die auf diese Weise ihren Wunsch nach Zugehörigkeit zur westlichen Gesellschaft zum Ausdruck bringen.

Nicht nur die eindrucksvollen Landschaften und die wechselhafte Geschichte der Türkei machen dieses Land so anziehend und interessant. Immer wieder beeindruckt den Besucher die optimistische Lebenseinstellung der Menschen. Die Türken sind würdevolle und gastfreundliche Menschen, lässt man extreme politische Strömungen außer Acht, die auf die Mehrheit der Bevölkerung sowieso eher befremdlich wirken. Sogar im abgelegensten Dorf Anatoliens bieten die Einheimischen einem Besucher selbst gebackenes Brot an, das sie frisch aus dem Ofen holen, oder sie lassen den Fremden die getrockneten Aprikosen kosten, die auf der Terrasse eines jeden Hauses in der Sonne liegen.

Die Türken sind Fremden gegenüber sehr aufgeschlossen. Das hat viel zum Wachstum der Tourismusbranche beigetragen, die heute einer der einträglichsten Zweige der nationalen Wirtschaft ist. In den letzten zwei Jahrzehnten schossen überall Hotels und Privatunterkünfte für Touristen aus dem Boden. Doch wie in vielen anderen Ländern hat man auch hier einige Fehler begangen, so dass nun hässliche Hotelanlagen mancherorts die Landschaft verunstalten. Im Konkurrenzkampf mit Griechenland, Italien, Jugoslawien und Spanien um die Gunst der Touristen stampfte die Türkei viele Hotels in Rekordzeit aus dem Boden.

Zum Glück blieben die "Requisiten" unverändert, mit denen die Hotels die

12 Die hellenistische Celsus-Bibliothek in Ephesos gehörte zu den bedeutendsten Gebäuden der Stadt, die als eines der führenden Kulturzentren der Antike galt.

12-13 Die untergehende Sonne umschmeichelt den kolossalen Kopf des Zeus Oromandes. Das Foto entstand auf der Ost-terrasse des Mausoleums von Antiochos I. auf dem Nemrud Dag.

Touristen anlocken: Das Meer an der türkischen Küste ist sauber, abgesehen von jenen Gebieten, in denen Fischer-dörfer in Touristenhochburgen verwandelt wurden. An den kilometerlangen feinsandigen Stränden spenden Pinien wohltuenden Schatten. Und der Fisch, der abends in den Restaurants serviert wird, könnte nicht frischer sein. Die Stadt Istanbul, jahrhundertelang das Symbol für kosmopolitisches und multikulturelles Leben, verdient ein Kapitel für sich, da sie allein schon eine Urlaubsreise wert ist.

13 oben In Side befindet sich der Tempel des Apoll und der Athene. Der Name des Ortes bedeutet "Granatapfel".

13 Mitte Die Ruinen des Theaters in Hierapolis, einer hellenistischrömischen Stadt, die für ihre Quellen berühmt war. In unmittelbarer Nähe des Theaters befinden sich die Kalksteinsinterterrassen von Pamukkale.

In den letzten Jahrzehnten hatte diese vielschichtige und bunte Stadt unter einem beinahe unmäßigen Baufieber zu leiden. Grund dafür war eine stetig wachsende Bevölkerungszahl. Jüngsten Schätzungen zufolge leben über 7 Millionen Menschen in der ehemaligen Hauptstadt der Türkei.

Städte wie Istanbul üben eine ungeheure Anziehungskraft auf die Landbevölkerung aus. Oft verlassen ganze Familien ihre Dörfer, um in die Stadt zu ziehen. Dort leben sie zunächst im Freien, dann bauen sie provisorische Hütten (geçekondo) und schließlich bekommen sie eine Art Sozialwohnung in den endlosen Randgebieten der Stadt zugewiesen. Istanbul, Ankara und Izmir haben noch immer mit diesem Problem zu kämpfen, einem Problem, dem man im übrigen Europa bereits relativ erfolgreich begegnen konnte.

Das Herz des antiken Byzanz sind die historischen Stadtviertel – von der UNESCO längst zum Weltkulturerbe erklärt – entlang der Küste des Goldenen Horns, rund um die Hagia Sophia und den Topkapi-Palast, der die Märchen aus Tausendundeiner Nacht ins Gedächtnis ruft. Hier kann man das wahre Istanbul entdecken, hier muss man zu Fuß durch die Gassen gehen, den Basar besuchen und weit weg von den lärmenden, verkehrsreichen Straßen im Schatten einer mit Wein bewachsenen Pergola echten türkischen Kaffee trinken.

Die Modernisierung der Stadt schreitet zwar unaufhaltsam fort, dennoch ist viel von der Vergangenheit erhalten. So befindet sich zum Beispiel das Café von Pierre Loti, einem französischen Schriftsteller, der dem Orient hoffnungslos verfallen war, noch immer auf dem Eyüp-Hügel. Kariye Camii, die prächtige, ehemals byzantinische Erlöserkirche mit den herrlichsten Mosaiken, die man sich vorstellen kann, ist noch immer von den yali umgeben, den alten osmanische Holzhäusern.

Vieles hat die Zeiten nicht überdauert, doch vieles wurde auch gerettet, angefangen von den Vergnügungspavillons der letzten Sultane bis hin zu ihren wundervollen Gärten, wo in den Beeten noch immer Tulpen blühen, die Lieblingsblumen der ehemaligen Herrscher. Nicht zu vergessen sind die Paläste, die nicht ins Bild zu passen scheinen, wie zum Beispiel der Dolmabahçe und der Beylerbeyi mit ihrer beinahe barock wirkenden Überladenheit, die in auffallendem Kontrast zu der Schwäche der letzten osmanischen Herrscher steht.

In der Türkei bestehen ungeheure Gegensätze friedlich nebeneinander – man denke nur an das quirlige Istanbul mit seinen heidnischen, christlichen und muslimischen Einflüssen und daneben an die unendlichen einsamen Weiten Anatoliens oder an Ankara, das aus der Bedeutungslosigkeit zur Hauptstadt aufstieg oder an Bursa – unweit des Marmarameeres gelegen –, die ebenfalls beinahe vergessene, ehemalige osmanische Hauptstadt, oder an Konya, eines der religiösen Zentren des Landes.

Abseits der Pfade des Massentourismus gibt es in der Türkei viel zu entdecken – zum Beispiel das sanfte Schwarze Meer mit seinen grünen Küsten, wo Tee und Tabak angepflanzt werden, Kappadokien, dessen Städte ebenso verzaubert wirken wie seine Täler, oder die Südküste, wo man Dörfer findet, deren gastfreundliche Bewohner noch ausschließlich vom Fischfang leben. Besonders beeindruckend ist Anatolien mit seinen archäologischen Schätzen, die aus unerfindlichen Gründen nicht auf dem Sightseeingprogramm der meisten Türkeibesucher stehen. Erwähnenswert sind vor allem Gordion mit dem erstaunlichen Hügelgrab, das angeblich die sterblichen Überreste König Midas' birgt, sowie die in den Fels gehauenen Klöster in den Bergen entlang des Schwarzen Meeres, darunter das Kloster der Jungfrau der Schwarzen Berge in Sumela.

Es ist einfach unmöglich, die Türkei auf vier oder fünf größere Attraktionen zu reduzieren, vor allem in Anbetracht der Tatsache, dass die Geschichte dieses außergewöhnlichen Landes tatsächlich bis in die Anfänge der Menschheit zurückreicht.

13 unten In den antiken Städten entlang der Küste hinterließen die Römer mehr oder weniger monumentale Beispiele ihrer Kunst. Dieses Mosaik zeigt den Gott Okeanos und die Göttin Tethys (heute im Museum in Antakya). Es stammt aus dem 4. Jahrhundert und wurde bei Grabungen im Gebiet des antiken Daphne (Herbiye) entdeckt.

14-15 Von den Kuppeln des Topkapi-Palastes, des riesigen Palastes des Sultans, schweift der Blick über den Bosporus und die vielen Schiffe, die zwischen dem europäischen Westufer Istanbuls und dem asiatischen Ostufer hin- und herfahren. Es verwundert nicht, dass eine derart symbolträchtige Stadt als heimliche Hauptstadt der Türkei gilt.

Rumänien

Schwarzes
Meer

Edirne
Bosporus
Bulgarien
Sile
Istanbul
Üsküdar
Izmit
Marmarameer
Iznik (Nikaia)
Bogazkale
Dardanellen
Çanakkale
Bursa
Sakarya
Hattusa
Troja
Grie-
chen-
land
Ägäis
Pergamon
Ankara
Gordion
Hermos
Kappa-
Lesbos
Chios
Izmir
Sardes
Lydien
Konya
Ephesos
Pamukkale
Milet
Mäander
Didyma
Aphrodisias
Samos
Bodrum (Halikarnassos)
Perge
Aspendos
Kaunos
Side
Marmaris
Fethiye
Antalya
Alanya
Knidos
Xanthos
Lykien
Kalkan
Kas
Myra
Rhodos
Kastelorizon
Kreta
Zypern

Mittelmeer

Kappadokien: die "Feenschornsteine"

Die ägäische Küste

Russland

Georgien   Aserbaidschan

Armenien

Pontisches Gebirge

Hopa

Trapezunt

Agri

Ararat
(Agri Dag)

Iran

Westlicher Euphrat

dokien

Kayseri

Östlicher Euphrat

Vansee   Van

Göreme

Erciyas Dag

Derinkuyu

Nemrud
Dag

Euphrat

Adana

Zeugma

Irak

Iskenderun

Antakya

Nemrud Dag: das Grab von Königin Karakos

Syrien

Der Marmorhof von Sardes

VON DER JUNGSTEINZEIT BIS ZUR GEGENWART

*I*n der Geschichte der Türkei wechselten sich strahlende Prachtentfaltung und unaufhaltsamer Verfall kontinuierlich ab, ohne dass das Land länger andauernde Perioden friedlicher Normalität erleben durfte. Die Ursprünge der Türkei liegen im Dunkel prähistorischer Zeiten, die vermutlich niemals vollständig beleuchtet werden. Man kann sich dieser Epoche lediglich auf der Basis von Legenden und Mythen annähern.

Doch gerade das Geheimnis, das die Frühgeschichte dieses Landes umgibt, macht die Türkei so faszinierend für alle, die sie kennen und verstehen lernen möchten. Noch immer fehlt beispielsweise jegliche Erklärung für die unterirdischen Städte in Kappadokien

18 links
Diese kopflose Statue einer üppigen Fruchtbarkeitsgöttin stammt aus Çukurkent, einem der großen archäologischen Grabungsorte. Sie ist aus poliertem Kalkstein und datiert aus dem 3. Jahrtausend v. Chr. Heute steht sie im Ashmolean Museum in Oxford.

18 rechts Dieses anthropomorphe Gefäß stammt aus dem Jahr 5500 v. Chr. und wurde von britischen Archäologen in Hacilar gefunden, einer bedeutenden Siedlung des prähistorischen Anatoliens. Die Überreste der Ortschaft lagern in mehreren Schichten, die vom Neolithikum bis zum frühen Chalkolithikum reichen.

18-19 Die ersten Bewohner Anatoliens waren Hirten und Jäger. Letztere stellt diese Felsmalerei dar, die bei Grabungen in Çatal Hüyük entdeckt wurde und im Museum für Anatolische Kulturen in Ankara ausgestellt wird.

und für die stilisierten Abbildungen von Göttern, die tief im Landesinneren entdeckt wurden.

Auf einer Halbinsel Anatoliens, die wie eine riesige Brücke Asien und Europa verband, war eine der ersten menschlichen Zivilisationen ansässig. Dort entstand etwa um 7000 v. Chr. Çatal Hüyük, das mit frühpalästinensischen Städten wie Jericho um den Rang als älteste städtische Siedlung der Welt wetteifert. Die sesshafte Be-

völkerung von Çatal Hüyük produzierte Töpferwaren, fertigte Fresken und Wandmalereien an und trieb Ackerbau und Viehzucht. Besonders verehrte Gottheiten waren die Muttergöttin und der Stier, beides Symbole der Fruchtbarkeit.

Um 5000 v. Chr. wurde Hacilar gegründet, an dessen archäologischem Grabungsort man so viele Artefakte aus Lehm und Kupfer fand, dass die Wissenschaftler dieser Siedlung eine

etwas höher entwickelte Kultur zusprechen, etwa auf dem Niveau der ersten archäologischen Schicht Trojas. Ungefähr zu dieser Zeit vollzog sich der Übergang von der Steinzeit zur Bronzezeit. Die anatolischen Gemeinschaften wurden von Schäfer-Königen regiert, doch es gab auch städtische Siedlungen, die mit den Völkern Mesopotamiens und vielleicht sogar mit Ägypten Handel trieben.

Einen Wendepunkt in der Geschichte markiert die Invasion der Hethiter, die sich in Kappadokien in Hattusa niederließen, dem heutigen Bogazköy, in der Nähe von Kayseri. Die Hethiter, über deren Herkunft man nichts weiß, sprachen eine indoeuropäische Sprache. Von 1600 v. Chr. an weiteten sie ihr Herrschaftsgebiet beträchtlich aus und besetzten auch Gebiete, die heute zu Syrien, Jordanien und Israel (das sie von den Ägyptern eroberten) gehören. Selbst die Pharaonen, vor allem Ramses II., mussten befürchten, von den Hethitern vom Thron vertrieben zu werden.

Die Hethiter besaßen eine Keilschrift, die dank der Lehmtafeln, die in Bogazköy gefunden wurden, entziffert werden konnte. Außerdem stellten sie Töpferwaren, Statuetten, Schmuck, Waffen aus Eisen, Werkzeuge und Flachreliefs her und errichteten beeindruckende Bauwerke. Trotz ihrer militärischen Übermacht war ihre Herrschaft in Kleinasien nur von kurzer Dauer. Über die Gründe für ihren schnellen und unaufhaltsamen Untergang können nur Spekulationen angestellt werden.

20 Dieses Flachrelief zeigt einen Hethiterfürsten. Es wurde in Karkemisch gefunden und stammt aus der Anfangszeit der Hethiterperiode.

21 links Die schlanke, nachdenklich wirkende Muttergöttin von Hasanoglen ist mit Blattgold verziert und trägt zwei relativ schwere Fußringe. Datiert wird sie auf 2600-1900 v. Chr.

21 rechts Die Geschichte der Hethiter ist zwar teilweise noch unerforscht, man weiß jedoch, dass sie eine Art Keilschrift besaßen. Auf dieser Platte wird das Leben von König Katuvas beschrieben.

21 unten Dieses Flachrelief aus dem 1. Jahrtausend v. Chr. stammt aus der Hurriterstadt Urartu im Gebiet um den Vansee. Das Fundstück weist babylonische Einflüsse auf.

Eine glaubhafte Hypothese besagt, dass die anatolischen Küstengebiete zu Beginn des 2. Jahrtausends v. Chr. von einer Invasionswelle aus dem Nordosten überrollt wurden – vielleicht von den Dorern. Die Invasionen begannen mit der Eroberung Trojas und brachten die Entwicklung der Küstengebiete abrupt zum Stillstand. Es scheint, als ob Homer seine Geschichten nicht erfunden hat, sondern vielmehr als erster Chronist der Geschichte gelten kann.

In Anbetracht der vielen ethnischen Gruppen, die auf dem anatolische Plateau lebten, muss dieses zu jenen Zeiten ein regelrechter Schmelztiegel gewesen sein. Hier lebten die Hurriter, die im südöstlichen Gebiet am Vansee siedelten, und ihre Verwandten, die an der Grenze zum heutigen Syrien den Staat Mitanni gründeten, wo sich die aramäische Sprache entwickelte. Die Karer und die Lykier lebten an der Küste. Und dann gab es noch die

Phrygier, die, ursprünglich aus Thrakien stammend, beinahe alle westlichen und mittleren Gebiete unterwarfen. Ihre Hauptstädte waren Midas Sehir (die Stadt des Midas, das heutige Yazilikaya) und Gordion, das nach Gordios, dem Vater König Midas', benannt wurde. Er wurde durch den legendären Knoten bekannt, den er knüpfte und den niemand lösen konnte, bis Alexander der Große ihn mit dem Schwert entzweischlug. Das

22 Der Alabasterkopf Alexanders des Großen stammt aus der Ptolemäerzeit. Der makedonische Eroberer verbreitete die hellenische Kultur in den Küstenregionen der Türkei.

22-23 Dieses berühmte Mosaik aus Pompeji stellt die Schlacht bei Issos dar. Hier errangen die Truppen Alexanders des Großen einen bedeutenden Sieg, als sie die Armee des Perserkönigs Dareios III. schlugen.

unversehrte Grab des reichen König Midas wurde in Gordion (nahe dem Dorf Yassihüyük) entdeckt, doch ironischerweise enthielt es kein Quäntchen Gold. Der griechische Historiker Herodot erzählt vom Schicksal der Phrygier, die nach unzähligen Invasionen schließlich den Kimmeriern unterlagen, die wiederum von den Lydern besiegt wurden. Diese gründeten später die Stadt Sardes, in der ihr Herrscher Krösus regierte, der erstmals Münzen aus Gold und Silber prägen ließ.

In dieser Zeit war die lange Küstenlinie mit ihren vielen natürlichen Anlegeplätzen und dem freundlichen Hinterland für die aufblühenden griechischen Stadtstaaten, die Poleis, von großer Bedeutung. Die Städte, die man hier gründete, waren im Wesentlichen Stützpunkte, die dazu dienten, die hellenische Einheit aufrechtzuerhalten. Die türkische Küste blieb so jahrhundertelang Teil des griechischen Territoriums und damit auch der griechischen Kultur.

Abgesehen von dem Reichtum, den diese Städte durch regen Handel und durch Ackerbau erwarben, entwickel-

ten sie sich zu einflussreichen kulturellen Zentren. Zu den bedeutendsten Persönlichkeiten dieser Zentren gehörten der Naturphilosoph Thales, der in Milet geboren war, sowie der Mathematiker, Naturforscher und Philosoph Eudoxos, der aus Knidos stammte.

546 v. Chr. eroberte Kyros der Große, König der Perser, die Stadt Sardes. Der Lyderkönig Krösus wurde entmachtet und Kyros' Feldherren unterwarfen die griechischen Städte Klein-

asiens. Nach Kyros Tod, setzten die Könige Dareios und Xerxes seine Expansionspolitik fort.

334 v. Chr. überquerte Alexander der Große den Hellespont und errang mehrere wichtige Siege. Von größter Bedeutung waren seine Siege über die persischen Satrapen am Granikos (334 v. Chr.) sowie über Dareios III. bei Issos (333 v. Chr.). Doch als Alexander der Große 323 v. Chr. in Babylon starb, teilten seine Generäle die eroberten Gebiete auf. Lysimachos,

einer von Alexanders Generälen, wurde in der Schlacht von Kurupedion von einem anderen General getötet – von Seleukos, dem Herrscher von Antiochia (Antakya) und Begründer des Geschlechts der Seleukiden. Seleukos wurde später von Ptolemaios Ceraunos ermordet.

Schließlich traten die Galater in den Vordergrund, ein Volk von Söldnern, die eigentlich keltischen Ursprungs waren und vom König von Bithynien angeheuert wurden. Sie gründeten ein

24 links Detail vom
Heraklestor in
Ephesos. Die antike
Stadt gehört zu den
größten und ältesten
archäologischen
Grabungsstätten der
Türkei.

weiteres Königreich: Galatien, dessen Hauptstadt Ankyra wurde, das heutige Ankara.

In der Zwischenzeit war die Region um den Vansee von den Armeniern besiedelt worden, einem phrygischen Volksstamm, der unter der Herrschaft von Tigranes I. um 90 v. Chr. seine Blütezeit erlebte. An den Küsten des Schwarzen Meeres, damals Pontos genannt, regierte um 300 v. Chr. König Mithridates I. in Trapezunt. Die bedeutendste Dynastie war jedoch die der Attaliden von Pergamon, die um 250 v. Chr. an die Macht kamen und die Expansionsbestrebungen der Galater zurückdrängten.

Mit Attalos III. begann in der Türkei die lange Periode römischer Herrschaft. Der König erhob Pergamon mit dem Bau der riesigen Bibliothek zu einem Zentrum für Kunst und Kultur. Kurz vor seinem Tod vermachte er den Stadtstaat Rom und öffnete so der aufstrebenden Macht das Tor zu Kleinasien. Es fiel Rom dann tatsächlich nicht allzu schwer, ganz Anatolien zu erobern. König Mithridates VI. Eupator leistete zwar erbitterten Widerstand, aber er wurde nach mehreren Schlachten schließlich von Sulla und Pompeius geschlagen.

Mit seinem Sieg über Mithridates' Sohn Pharnakes bei Zela trieb Julius Cäsar den König, der lieber tot als gefangen sein wollte, in den Selbstmord. Bei dieser Gelegenheit äußerte Cäsar die berühmten Worte: "Veni, vidi, vici." ("Ich kam, sah, siegte.") Um ihre

ΑΜΜΙΑΣΑΡΑΣΙΟΤΩΚΑΙ
ΑΝΤΑΙΩΔΑΛΛΔΙΑΗΘΑΝ
ΔΝΙΔΙΟΗΝΕΙΑΣΧΑΕΙΝ

Position zu festigen, unterstellten sich die Römer der Armee des Seleukidenkönigs Antiochos III. in Magnesia. Angesichts einer solch überwältigenden militärischen Macht gelobten viele kleinere Regenten den neuen Eroberern Treue.

Die Pax Romana brachte schließlich für alle Frieden und Wohlstand. Unter römischer Verwaltung erblühte der Handel. Das anatolische Plateau, dessen unendliche Weiten bisher nur Hirten und Nomaden überquert hatten, wurde in fruchtbares Land umgewandelt und erzielte einen hervorragenden Ernteertrag. Die Römer liebten diese riesige, abwechslungsreiche Provinz, in der es neben wilden Steppen und Gebirgen hoch entwickelte hellenische Städte gab. Auch Mark Anton und Kleopatra besuchten die türkische Küste häufig und wählten Ankyra schließlich sogar als den Ort ihrer Eheschließung.

24 rechts Sardes war eine reiche Stadt. Das belegen unter anderem die fein gearbeiteten Motive auf dieser mehrfarbigen Marmorplatte.

25 oben Ein thrakischer Krieger in voller Rüstung schützt sein Gesicht mit einem großen Schild. Dieses Motiv wählte die Witwe Ammias für die Grabstele ihres Gemahls Antaios.

25 unten Die Stadt Sardes wurde von den Lydern gegründet und war die Hauptstadt des letzten lydischen Königs Krösus. Sein Name taucht in vielen Legenden in Verbindung mit Habgier und Verschwendungssucht auf. In Wirklichkeit jedoch gilt er als Begründer des Münzsystems. Das Foto zeigt ein Detail des Marmorhofs in Sardes.

Immer wieder wurde dieses Idyll jedoch gestört. Im Jahr 258 zum Beispiel machten die Goten Anatolien dem Erdboden gleich, dann überquerten die Perser die Grenzen im Osten und drangen in das römische Territorium ein. Zwar gelang es den Kaisern Claudius und Diokletian, die Gefahr zu bannen, doch schon zeichnete sich eine viel größere Bedrohung ab: die Ausbreitung des Christentums. Trotz grausamster Verfolgung und anderer Repressalien gelang es den Römern nicht, diese neue Religion zu unterdrücken. Im Gegenteil: Schon bald stand die Glaubwürdigkeit des Kaisertums in Frage.

Mit seinen Predigten verbreitete der heilige Paulus, der aus Tarsus in Südanatolien stammte, die Botschaft Christi in Windeseile. Paulus missionierte in der Südtürkei und entlang der Küste und hielt schließlich seine berühmte Predigt in Ephesos. Der Legende gemäß soll sich der Apostel Johannes zusammen mit Maria, der Mutter Jesu, ebenfalls nach Ephesos zurückgezogen haben. Das Haus, in dem sie angeblich gewohnt haben, liegt in der Nähe es archäologischen Grabungsgebiets.
Als Diokletian abdankte, übernahm Konstantin I., der Große, den Thron. Er erkannte, dass es unmöglich war, das Römische Reich so weiterzufüh-

ren wie zu seiner Blütezeit, und wagte einen mutigen Schritt: Er verlegte die Hauptstadt nach Byzanz, das er in Konstantinopel umbenannte. Weiterhin schockierte der Kaiser seine Untertanen, indem er zum Christentum konvertierte, das er zur Staatsreligion machte. Doch damit nicht genug: Im Jahr 325 berief er das erste Ökumenische Konzil von Nikaia ein, um potentieller Ketzerei vorzubeugen und um die christliche Kirche unter dem Vorsitz des Kaisers zu konsolidieren. Das Konzil verdammte den Arianismus und definierte das Wesen des christlichen Glaubens im Nicänischen Glaubensbekenntnis.

Die religiös geprägte Stimmung begünstigte die Ausbreitung von Einsiedlern und Visionären, bei denen sich die Grenze zwischen fanatischem Wahn und erhabener Spiritualität verwischte. Sie hatten sich für ein Leben in Keuschheit und Einsamkeit entschieden. Andere dagegen zogen als Prediger umher, um möglichst viele Ungläubige für ihre Sache zu gewinnen. Kappadokien war dafür das ideale Gebiet und die Region erlebte die Gründung zahlreicher Mönchsgemeinschaften, die sich in Höhlen niederließen.

Zur gleichen Zeit versuchte man, das Heidentum vollständig zu beseitigen. Die Tempel wurden aufgegeben und abgerissen und man zerstörte die Statuen und Abbilder der heidnischen Götter. Dennoch überlebte so mancher Kult im Verborgenen wie zum Beispiel der des Mithras.

Inzwischen hatte man Justinian in Konstantinopel zum Kaiser gekrönt. Diesem ehrgeizigen Herrscher war es gelungen, einen Teil der byzantinischen Territorien in Italien von den Goten zurückzuerobern. Nachdem Justinian Kaiser geworden war, errang er weitere Siege auf dem Balkan, in Nordafrika und in Anatolien. Gemeinsam mit seiner prahlsüchtigen, eigensinnigen Frau Theodora verschönerte er die Hauptstadt mit Monumenten und anderen öffentlichen Bauwerken, von denen das prachtvollste die Hagia Sophia war. Gleichzeitig verfolgte Justinian I. eine harte Steuerpolitik, die ihn bei seinen Untertanen nicht sehr beliebt machte. Kurz nach seinem Tod jedoch trennten die Lombarden Byzanz wieder von Italien.

Genau fünf Jahre vergingen zwischen Justinians Tod und der Geburt Mohammeds in Mekka. Dieses bedeutende

Ereignis markiert zugleich die Geburtsstunde des Islam, der später die zahllosen arabischen Völker religiös einte.

Zahlreiche Barbaren waren unterdessen in die türkische Halbinsel eingedrungen – Awarer, Slawen und viele andere ethnische Gruppen –, während sich die Perser im Südwesten auf einen neuen Eroberungsversuch vorbereiteten. Das Leben am Hof von Konstantinopel war von Intrigen, Korruption und Königsmorden bestimmt und das Kaisertum schien unaufhaltsam dem Verfall geweiht.

26-27 Die Ökumenischen Konzile von Nikaia hatten bezüglich der Festlegung der christlichen Lehre große Bedeutung. Dieses Mosaik in der Kirche SS. Quattro Coronati in Rom zeigt Kaiser Konstantin I., der Papst Silvester I. die Tiara als Symbol für seine zeitlich begrenzte Macht als Oberhaupt der Kirche überreicht.

27 unten Detail eines berühmten byzantinischen Mosaiks aus dem 6. Jahrhundert, das die Kirche San Vitale in Ravenna ziert. Die zentrale Figur bildet Justinian I., der einen Heiligenschein trägt und in prächtige Gewänder gehüllt ist. Der Kaiser wird von Erzbischof Maximilian, General Belisarius und Hofbeamten flankiert.

*28-29 Auf den
Kreuzzügen
marschierte eine
christliche Armee,
bestehend aus Rittern
und Abenteurern, in
den Nahen Osten.
Sie eroberten Städte*
*und errichteten
Burgen auf den
Ländereien, die sie
den Moslems
abgerungen hatten.
Die Miniatur zeigt
die Eroberung von
Antiochia (Antakya).*

Das einzig positive, wenngleich auch nicht entscheidende Ereignis in dieser Periode war der Sieg Kaiser Herakleios' über den Perserkönig Chosrau II. im Jahr 628.

Nachdem die muslimischen Eindringlinge Ankara erobert hatten, zogen sie im Jahr 654 gegen Konstantinopel, das sie vier Jahre lang belagerten, aber nicht erobern konnten – dank der massiven Stadtmauern, die Theodosius II. hatte errichten lassen und von denen heute noch Teile im Herzen Istanbuls stehen. Im übrigen Territorium folgte jedoch ein Sieg der Araber auf den anderen.

Im Namen Allahs und seines Propheten Mohammed mussten die Bewohner der von den Moslems unterworfenen Gebiete deren Sprache und Schrift erlernen und ihre Religion übernehmen. Die islamische Bekehrungsmethode war einfach und effektiv. Eines der Hauptargumente für die Konvertierung war, dass die Nichtgläubigen Steuern zahlen mussten, während die Bekehrten davon befreit waren.

Zu jener Zeit fand auch ein regelrechter Kreuzzug gegen die Darstellung religiöser Personen in der bildenden Kunst statt. Aus diesem Grund wurden von all den herrlichen Fresken, Mosaiken und Gemälden der byzantinischen

Kultur die Gesichter Christi, der Jungfrau Maria, der Heiligen und der Engel rücksichtslos abgeschlagen, übermalt oder auf andere Weise entfernt. Glücklicherweise endete in Konstantinopel der fanatische Streit zwischen den Ikonoklasten und deren Gegnern damit, dass menschliche Darstellungen in religiösen Gemälden wieder erlaubt wurden, so dass viele Meisterwerke der Nachwelt erhalten blieben.

Extrem grausame Palastintrigen und blutige Verbrechen waren immer häufiger an der Tagesordnung. Und dennoch gelang es den Byzantinern, die Grenzen ihres Reiches zu bewahren. Basileios III. gelang es sogar, einen Teil des Landes, das die Araber eingenommen hatten, zurückzuerobern. Am schwersten wurde Konstantinopel jedoch in dieser Zeit ausgerechnet von Christen getroffen. Auf dem Weg nach Jerusalem erreichten die Kreuzritter im Jahr 1204 Konstantinopel. Sie schreckten nicht davor zurück, die

29 oben Die Kreuzritter verteidigten Konstantinopel standhaft gegen die Moslems, denen es dennoch gelang, die Hauptstadt des Oströmischen Reiches zu erobern und zu verwüsten. Diese Miniatur aus dem Codex Las Cantigas de Santa Maria (13. Jahrhundert, heute im Escorial in Madrid) illustriert den Angriff der Osmanen.

29 unten "Der leere Thron von Konstantinopel", aus der griechischen Handschrift Das Orakel von Leon dem Weisen (Nationalbibliothek, Palermo), ist eine Allegorie auf den Sieg der Osmanen über die Christen.

Stadt rücksichtslos zu plündern und ihre Glaubensbrüder ohne Mitleid zu massakrieren.

In dieser verworrenen und vom Krieg zerrissenen Situation tauchten die Seldschuken auf, ein Nomadenvolk aus Zentralasien, das sich irgendwann vor 800 in Isfahan (Persien) angesiedelt hatte und zum Islam konvertiert war. Als Söldnervolk stellten die Seldschuken zunächst den Großteil des Heeres von Kalif al-Mutasim, bevor sie selbst die Herrschaft über das abbasidische Reich übernahmen. Dieser stolze und wilde Stamm errang unzählige militärische Siege. In der Schlacht gegen die Byzantiner in Manzikert (1071) gelang es ihnen sogar, Kaiser Romanus IV. gefangen zu nehmen. Ihr Triumphzug schien unaufhaltsam. Aber sie verlegten ihre Hauptstadt erst von Isfahan nach Nikaia, als sie sich der Bedrohung der mongolischen Armeen unter Dschingis Khan stellen mussten. Die Mongolen gehörten zur selben ethnischen Gruppe wie Seldschuken. Der Zusammenstoß in Sivas endete mit der Niederlage der Seldschuken. Als bereits jede Hoffnung aufgegeben war, verschwanden die Mongolen jedoch aus unbekannten Gründen ebenso schnell wieder, wie sie gekommen waren.

Nun begann Ertogrul, ein kleiner seldschukischer Feudalherrscher, die Reste des einstigen Reiches wieder zu vereinigen. Doch erst sein Sohn Osman, auch Ghasi oder "Krieger des Glaubens" ge-

nannt, brachte diese Unternehmung zu einem siegreichen Ende.

1288 erfolgte schließlich die Gründung des Osmanischen Reiches durch Osman I. Sein erster Feldzug gipfelte in der Eroberung von Bursa (Brussa) und Adrianopel (Edirne) in Thrakien. Diese Städte lagen an strategisch wichtigen Punkten und waren somit bedeutsam, um die Kontrolle über den Balkan zu erlangen. Osmans Sohn Orhan konnte die osmanische Vorherrschaft sowohl mit Mitteln des Kriegs als auch der Diplomatie ausweiten. Er

heiratete Theodora, die Tochter des Thronfolgers von Konstantinopel. Der weise und maßvolle Orhan, ein Mann des Militärs, aber zugleich ein guter Staatsmann, bestimmte als Nachfolger seinen Sohn Murad I., der ungestümer und kriegslüsterner war. Murad versuchte, seinen Herrschaftsbereich auf den Balkan auszudehnen, in dem Glauben, dies ohne größere Probleme bewältigen zu können, da die Osmanen ihre Hauptstadt bereits nach Adrianopel und somit auf europäischen Boden verlegt hatten.

Zu jener Zeit, Mitte des 14. Jahrhunderts, wurde die Elitetruppe des osmanischen Sultans gegründet, bestehend aus den berühmten Janitscharen.

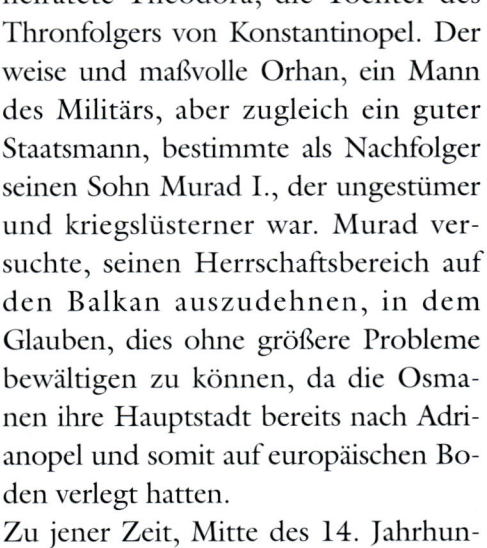

30 links Eine mit Gold und Silber verzierte Kupfervase vom Hof des Sultans Orhan aus dem Jahr 1330. In Erfüllung der islamischen Religionsvorschriften wurden Darstellungen heiliger Personen immer seltener und verschwanden schließlich ganz.

30 Mitte oben, Mitte unten und rechts Diese

Miniaturporträts zeigen drei Sultane, die das Osmanische Reich zu seiner Blütezeit regierten: Osman I., Orhan und Murad I. Im prunkvollen TopkapiPalast entwickelte sich eine Kultur auf hohem künstlerischem Niveau, die einen anhaltenden Einfluss auf das türkische Alltagsleben ausübte. Die Miniaturen befinden sich heute in der StapletonSammlung.

31 links Diese hübsche seldschukische Keramikflasche aus dem 13. Jahrhundert befindet sich heute im Louvre in Paris. Die charakteristische blaugrüne Glasur ist mit fein gearbeiteten Goldelementen verziert.

31 rechts Diese Miniatur in einer Ausgabe von Marco Polos Buch der Wunder aus dem 13. Jahrhundert (heute in der Nationalbibliothek in Paris) zeigt die erste Reise nach Konstantinopel, die Marcos Vater Niccolò und sein Onkel Matteo unternahmen. Auf dieser Reise wurden sie von Kaiser Balduin I. empfangen.

32 Diese Miniatur (um 1720) zeigt die Freuden im Harem. Sultan Ahmeds III.

33 oben links Die Darstellung von Kamelen lässt deutlich orientalische Einflüsse erkennen.

33 unten links Die mongolischen Horden durchkreuzten die islamischen Expansionspläne. Tamerlans Truppen eroberten das Territorium des Sultans. Die Miniatur stammt aus dem 15. Jhdt.

33 rechts Sultan Murad II. herrschte von 1421 bis 1451. Osmanische Miniaturen zeigen die Sultane immer in meditativer Haltung, wie sie zum Beispiel gerade an Blumen riechen oder Schmuck betrachten.

Diese Soldaten waren die Söhne von Christen, die man gezwungen hatte, zum Islam überzutreten. Bereits in jungen Jahren mussten sie ihre Familien verlassen und sich einer harten, teilweise auch grausamen Ausbildung unterziehen. Es verwundert daher nicht, dass sie zu solch mitleidlosen und blutrünstigen Soldaten wurden, die Angst und Schrecken verbreiteten, wo immer sie auftauchten.

Murad I. verwirklichte seine Expansionsziele, indem er große Gebiete auf dem Balkan eroberte und relativ weit in den Westen vordrang, ehe er auf einem Feldzug getötet wurde. Sein Nachfolger Bajesid I., genannt

Jyldyrym führte den brutalen Brauch wieder ein, dass der neue Sultan seine Brüder und alle anderen möglichen Thronfolger erdrosseln ließ, die die Stabilität des Reiches gefährden konnten. Im Jahr 1396 gelang es ihm, die Ritter des letzten Kreuzzugs vernichtend und endgültig zu besiegen. Die Gunst der Stunde nutzend, plante er, auch Konstantinopel zu erobern, ein Vorhaben, von dem ihn jedoch das Auftauchen Tamerlans, eines neuen mongolischen Feindes, ablenkte.

Timur-i Läng, so Tamerlans nichtlatinisierter Name, war seinen Vasallen in Anatolien zu Hilfe geeilt, die sich von Bajesid bedroht fühlten, der glaubte, nach seinen Triumphen auf dem Balkan unbesiegbar zu sein. Die Mongolen fegten über das Land hinweg und unterwarfen selbst die angeblich unverwundbaren Janitscharen. Der Sultan wurde gefangen genommen und derart gedemütigt, dass er schließlich Selbstmord beging. In seinem Durst nach Rache löschte Tamerlan alle Spuren von Bajesids Herrschaft aus und machte die vier Söhne seines Erzfeindes zu seinen Vasallen. Danach brach unter den osmanischen Thronerben ein erbitterter Bruderstreit aus, den schließlich Mohammed I. gewann. Aber erst sein Sohn Murad II. war in der Lage, die

Pracht wiederherzustellen, die vor Bajesids Niederlage im Reich geherrscht hatte.

Mohammed II. Fatih eroberte 1453 Konstantinopel und ging als Mohammed der Eroberer in die Geschichte ein. Er beendete nicht nur die byzantinische Ära, sondern zerstörte auch die letzte Bastion des Oströmischen Reiches und hisste über der ehemals christlichen Stadt die Flagge des Islam.

Einen Tag, nachdem die Osmanen

die kaiserliche Stadt erobert hatten, gaben sie ihr einen neuen Namen: Istanbul. Zwar regte sich Widerstand unter Führung des Venezianers Giovanni Giustiniani, aber die Hoffnung, Konstantinopel zu retten, war vergeblich. Kaiser Konstantin XI. trug als letzter christlicher Herrscher die Krone.

Während dieser Geschehnisse innerhalb und außerhalb der Stadtmauern, die Theodosius II. hatte errichten lassen, ging das Leben auf dem anatoli-

schen Plateau weiter wie zuvor, als wären sich seine Bewohner der blutigen Schlacht um Konstantinopel und der möglichen Auswirkungen auf Osteuropa nicht bewusst.

Etwa 70 Jahre nach der Eroberung Konstantinopels, das nun Istanbul hieß, wurde Prinz Suleiman, besser bekannt als Suleiman der Prächtige, Sultan des Osmanischen Reiches. Zu jener Zeit hatte die Macht der Janitscharen ein unvorstellbares Ausmaß angenommen und ihre Arroganz

machte das Leben am Hof beinahe unerträglich. In den 46 Jahren seiner Herrschaft war Suleiman stets darum bemüht, weise zu regieren. Zugleich war diese Ära jedoch auch geprägt von Grausamkeit, Intrigen und Erpressung.

Als Mann von Weitsicht und großer Intelligenz strebte Suleiman danach, den Menschen seines Reiches Gesetze und Regeln zu geben, die sie vor Ungerechtigkeit und Unterdrückung schützen sollten.

34 Nicht allen Sultanen gefiel der Müßiggang bei Hofe. Einige von ihnen waren auch tapfere Krieger und fähige Strategen. Auf dieser Miniatur sieht man Suleiman den Prächtigen bei der Schlacht von Mohács an vorderster Front kämpfen.

35 links Wer dem Sultan nicht treu ergeben war oder seine Wünsche nicht erfüllte, wurde hart bestraft. Diese Miniatur aus dem Jahr 1566 zeigt, wie Suleiman der Prächtige zwei europäische Botschafter gefangen nehmen lässt.

Von ihm eingesetzte Beobachter und Verwalter sollten dafür sorgen, dass diese Gesetze von allen genau befolgt wurden. Wie sich jedoch bald zeigte, hatte sich der große Herrscher selbst davon ausgenommen. Er wich unter anderem in seinem Privatleben unzählige Male von den moralischen Pfaden ab, die er seinen Untertanen nahe legte.

Die vielen Siege des Sultans zeugen von seinen Fähigkeiten als militärischer Stratege. Im Jahr 1529 drangen die Osmanen bis an die Randgebiete von Wien vor, konnten die Stadt selbst jedoch nie erobern. Allerdings besetzten sie Ungarn, Griechenland, Nordafrika, den Sudan, Somalia und Äthiopien. Syrien, Jordanien, der Libanon, Palästina, Kuwait, Saudi-Arabien, Persien und der Irak wurden ebenfalls erobert. Die Macht der Osmanen hatte ihren Höhepunkt erreicht.

Natürlich fühlten sich die europäischen Großmächte zusehends von die-

sen scheinbar unaufhaltsamen osmanischen Eroberungsmärschen bedroht. Doch plötzlich besann Suleiman sich eines anderen. Er wandte sich von Europa ab und vollkommen neuen Dingen zu. Er entwickelte sich zu einem Mäzen der bildenden Künste und förderte Musik und Literatur. Dies hatte zur Folge, dass die führenden Künstler und Intellektuellen Europas und des Osmanischen Reiches seinen Hof in Istanbul gern und oft besuchten.

Die kostbaren Miniaturen, die dem Osmanischen Reich großen Ruhm einbrachten, entstanden in jener Zeit. Der berühmte Architekt Sinan wurde von Suleiman ebenfalls gefördert. Sinan war vom Christentum zum Islam konvertiert und entwarf die außergewöhnlichsten Moscheen der muslimischen Welt. Er baute Paläste, Brücke und Medresen und Istanbul verwandelte sich in eine wunderschöne Stadt.

35 oben rechts Istanbul, das Tor zum Orient, auf einer Miniatur aus Matrakjis Buch Die Reise. Etwas stilisiert sind hier die geographischen Merkmale jenes Gebiets wiedergegeben. Die Schiffe unten sollen die Bedeutung des Hafens verdeutlichen.

35 unten rechts Als Jodocus Hondius Anfang des 17. Jahrhunderts diese Karte für den Kaufmannsatlas anfertigte, befand sich das Osmanische Reich auf dem Höhepunkt seiner Expansionsbestrebungen.

Auch die Kunsthandwerker erhielten Gelegenheit, Werke von hohem künstlerischen Wert zu schaffen. Man fertigte Intarsien aus Holz und Perlen, Bleiglasarbeiten und reich verzierte Waffen. Man stellte Schmuck, feine Metallarbeiten und gewebte Seidenstoffe her. Reger Handel wurde sowohl zur See als auch zu Land betrieben. Karawanen aus Afrika, Persien und Indien lieferten die Ware. Der Hafen von Istanbul galt als der geschäftigste und reichste der Welt. Suleiman unterstützte auch Dichter und Schriftsteller, Astronomen und Gelehrte, so dass Historiker die Zeit seiner Herrschaft als echte Renaissance des Osmanischen Reiches bezeichnen. Dennoch kann all der Luxus und die Liebe zur Kunst nicht die Verbrechen überdecken, die am königlichen Hof begangen wurden. An Suleimans blutigster Schandtat war allerdings maßgeblich eine Frau aus seinem Harem beteiligt. Ihr Name war Roxelana. Sie war europäischer Herkunft und die Favoritin des Sultans. Und sie war eine Meisterin, was ihre Fähigkeit anging, Ränke zu schmieden …

Roxelana, deren islamischer Name Hürrem lautete, hatte mit dem Sultan einen gemeinsamen Sohn, Selim, der geistig leicht zurückgeblieben war. Um ihm den Thron zu sichern, zögerte Hürrem nicht, Suleiman zum Mord an seinen zwei ältesten Söhnen Mustafa

und Bajesid anzustiften, die seine rechtmäßigen Nachfolger gewesen wären.

Neben den hinterlistigen Intrigen, die in der Abgeschiedenheit des Harems gesponnen wurden, war das Leben im prunkvollen Topkapi-Palast, der von Mohammed dem Eroberer erbaut worden war, geprägt von den Revolten und dem reaktionären Fanatismus der Janitscharen. Nach Suleimans Tod entführten sie sogar den Sultan Osman III.

Diese inneren Probleme sowie eine vollkommene Ablehnung aller technologischen Neuerungen aus Europa läuteten den allmählichen Verfall des Reiches ein, das beharrlich an seinem Feudalsystem festhielt. Ein Beispiel für diese reaktionäre Haltung war das absolute Verbot, die Druckkunst in der Türkei einzuführen, obwohl sie im übrigen Europa schon seit mehr als 25 Jahren verbreitet war.

36 links Sultan Mohammed II. Fatih regierte in der zweiten Hälfte des 15. Jahrhunderts in Istanbul. Die detailgetreuen Miniaturen geben Aufschluss über die Mode jener Zeit.

36 rechts Sultan Bajesid I. unterschätzte die militärischen Fähigkeiten der mongolischen Invasoren. Er wurde gefangen genommen und von seinem Feind Tamerlan schwer gedemütigt, wie man auf dieser Miniatur erkennt, die aus der zweiten Hälfte des 17. Jahrhunderts datiert.

36-37 Dieses Gemälde aus dem 18. Jahrhundert hängt im TopkapiPalast. Die großen Empfänge am Hof Suleimans III. wurden im prachtvollen Audienzsaal, auch Az Odasi genannt, abgehalten.

Der Hof von Istanbul galt wegen bestimmter – verbrecherischer – Geschehnisse als verdorben und barbarisch. Dazu zählte beispielsweise das Massaker, das Mohammed III. unter seinen 19 Brüdern anrichtete, aus Angst, sie könnten ihm den Thron streitig machen. Sultan Ahmed I., der sich durch solche Taten nicht allgemeiner Ächtung aussetzen wollte, ließ potentielle Rivalen lebenslänglich

37 Diese Miniatur aus einer Handschrift des 17. Jahrhunderts (heute im Correr-Museum in Venedig) zeigt den Topkapi-Palast in Istanbul mit seinen vielen Kuppeln und Minaretten.

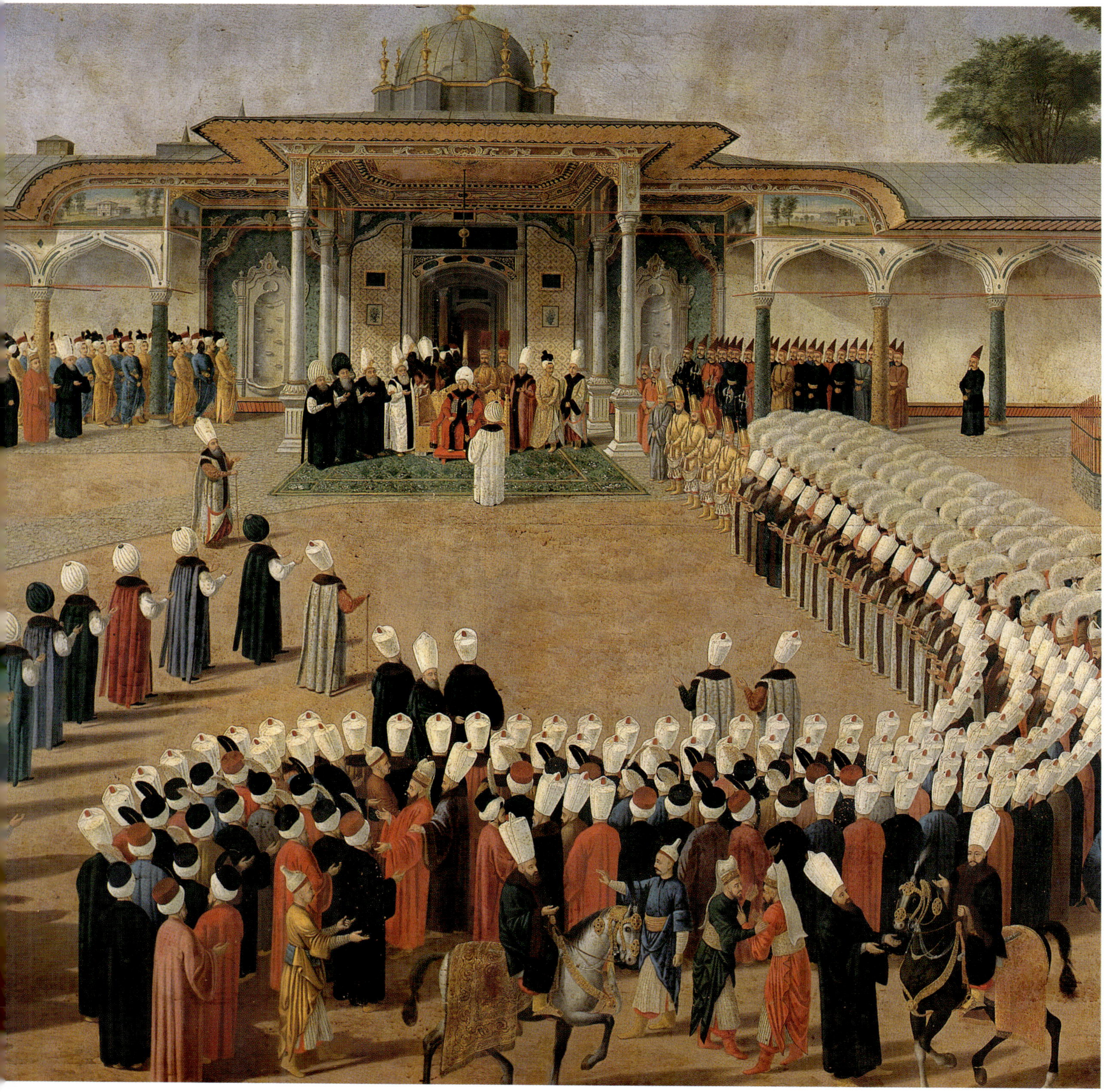

in einem Gefängnis einsperren, das man den "Goldenen Käfig" nannte und aus dem es kein Entkommen gab. Es wurde immer deutlicher, dass die Gepflogenheiten im Osmanischen Reich nicht mit jenen der europäischen Länder vereinbar waren.

Inzwischen blühte im Mittelmeerraum nicht mehr nur der Handel, sondern auch die osmanische Piraterie. Der berühmteste osmanische Freibeuter hieß Piri Reis. Er war berüchtigt dafür, dass er vor nichts zurückschreckte, wenn es darum ging, Beute zu machen. Die Republik Venedig, ewiger Feind der Türken und Verbündete Spaniens sowie der päpstlichen Staaten, beschloss, den ständigen Provokationen ein Ende zu bereiten. Zunächst wurde die christliche Flotte in der Schlacht von Famagusta vor der Küste Zyperns besiegt. Der Gegenschlag erfolgte jedoch in der berühmten Schlacht von Lepanto, bei der die türkische Flotte vernichtend geschlagen wurde. Dasselbe Schicksal ereilte die türkische Armee im Jahr 1683 vor den Toren Wiens, als sie wieder einmal versuchte, das habsburgische Reich zu erobern. Damit war der Alptraum der türkischen Bedrohung für immer gebannt und die europäischen Völker konnten endlich aufatmen.

Ein weiterer wichtiger Grund für den Untergang des Osmanischen Reiches war die Neugestaltung der Handelswege, die sich nach der Entdeckung Amerikas und mit der Eröffnung der Routen nach Indien und in den Fernen Osten ergeben hatte. Istanbul und die Türkei waren nun nicht länger der obligatorische Zwischenstopp auf dem Weg nach Osten. Das Tor zum Orient hatte sein jahrhundertealtes Monopol als Knotenpunkt der Welt verloren.

38-39 Die Schlacht von Lepanto auf einem Gemälde aus dem 17. Jahrhundert. Am 7. Oktober 1571 wurde die türkische Flotte von den vereinten Nationen der Heiligen Liga vernichtend geschlagen.

39 oben Das habsburgische Reich war häufig Ziel des osmanischen Expansionsbestrebens und erlitt mehrere Niederlagen, ehe ihm der vernichtende Schlag gegen die muslimische Bedrohung gelang. Dieser Druck aus dem 17. Jahrhundert zeigt die Stadt Raab, die von den Habsburgern zurückerobert wurde.

39 unten Dieser Druck (18. Jahrhundert) aus der Stapleton-Sammlung zeigt Konstantinopel, das zu jener Zeit bereits Istanbul hieß, mit seinen Türmen und Minaretten, den Kuppeln der Moscheen, dem Goldenen Horn und der Stadtmauer.

Dies bewirkte auch einen Wandel in der Einstellung der Europäer. Ihre einstige Furcht vor der osmanischen Türkei verdrängte nun die Neugier auf den dort herrschenden Lebensstil, der doch so fremdartig und gänzlich anders war als der eigene.

Vom 18. Jahrhundert an kamen Maler, Schriftsteller, Dichter und Reisende nach Istanbul, um dort Inspiration zu finden. Der Orientalismus wurde populär. Die Faszination des Harems, der Luxus, die prächtigen Gewänder, die unverständliche Sprache, die geheimnisvolle Schrift, die Parfüms und die Schleier – an diesen Dingen entzündete sich die Fantasie romantischer Geister und oft hatten deren Beschreibungen nur wenig mit den tatsächlichen Verhältnissen gemein, die im Land herrschten.

Kaum noch in Kontakt mit Regierungsgeschäften, die mittlerweile fast gänzlich in den Händen von Höflingen, Eunuchen und Konkubinen lagen, gewährten die Sultane euro-

CONSTANTINOPOLIS

folgten diesem Beispiel, während Ägypten in den Einflussbereich der Briten geriet. Die Wirtschaft des Reiches wurde so geschwächt, dass die Türkei 1881 ihren Bankrott erklären musste.

Die Sultane reagierten auf die zunehmende Feindseligkeit ihrer Untertanen mit Gleichgültigkeit. Der Einzige, der ein gewisses Interesse zeigte, war Mahmud II., der zumindest das Janitscharenproblem löste, wenn auch auf dras-

päischen Händlern das Recht, verschiedene Wirtschaftsbereiche des Osmanischen Reiches zu übernehmen, zu betreiben und auszubeuten. Diese Vorgehensweise belegte man später mit dem Begriff "Kapitulationsverträge". So gelangten die Tabak- und Baumwollindustrie, das Post- und Eisenbahnwesen sowie beinahe alle anderen wichtigen Wirtschaftssektoren in die Hände von Ausländern. Damit hatten die Sultane das Recht verwirkt,

ihr Land in wichtigen Belangen persönlich zu vertreten. In der übrigen Welt verstärkte sich indes die Annahme, das Osmanische Reich sei ein machtloser Riese. Daher beschloss der russische Zar im Jahr 1854 die Krim und das Gebiet nördlich des Schwarzen Meeres zu besetzen. Großbritannien, Frankreich und Italien kamen der Türkei zwar zu Hilfe, doch die Territorien waren verloren und wurden später von der Regierung in Moskau annektiert, die sich 1812 bereits Bessarabien einverleibt hatte.

1829 musste die osmanische Regierung die Autonomie Griechenlands, das 1832 Monarchie wurde, anerkennen. Moldawien und die Walachei

tische Weise. Er ließ die Soldaten einfach erschießen. Außerdem ließ er zwei bemerkenswerte öffentliche Bauwerke errichten, die Galata- und die Unkapanibrücke am Goldenen Horn.

Unterdessen setzte die allmählich aufstrebende Mittelklasse ihre Hoffnungen auf Midhat Pascha, einen progressiven Politiker, der am Hof des Sultans großen Einfluss genoss. Als der sehr junge Sultan Abd ül-Hamid II. 1876 gekrönt wurde, gelang es Midhat, ihn zu überreden, eine Verfassung zu erlassen. Dieses bedeutsame Ereignis sollte den ersten Schritt in Richtung Demokratie darstellen. Aber kaum war die Verfassung verkündet, hob der Sultan sie wieder auf.

40 oben
Der französische
Maler Eugène
Flandin fertigte im
19. Jahrhundert diese
Ansichten von den
Moscheen
Sultanahmet und
Süleymaniye an.

40 Mitte Auf dieser
Ansicht von Istanbul
aus dem 19.
Jahrhundert thront
die prächtige Hagia
Sophia mit ihren
Minaretten und Kup-
peln wie eine Königin
über der Stadt.

40 unten
Die finsteren Figuren,
die man hier sieht,
sind Janitscharen,
die Elitetruppe der
osmanischen Sultane.

41 Diese
Lithographie von
Gaspare Fossati aus
dem Jahr 1862 zeigt
das Innere der Hagia
Sophia. Das prächtige
Gebäude wurde in
frühbyzantinischer

Zeit als christliche
Kirche erbaut und im
15. Jahrhundert von
den Osmanen in eine
Moschee umgewandelt.
Heute dient die
Hagia Sophia als
Museum.

42 oben Dieser Druck aus den Illustrated London News zeigt die erste Sitzung des neuen türkischen Parlaments im Jahr 1877.

42 unten links Mohammed Reschad wurde von den Jungtürken auf den Thron gebracht und nannte sich fortan Mohammed V. Reschad.

Dennoch war Abd ül-Hamid einer Modernisierung nicht abgeneigt. Er erlaubte den Bau von Straßen, Eisenbahnlinien und Aquädukten und baute das Telegrafennetz aus. Darüber hinaus setzte er sich für die Industrialisierung ein. 1888 wurde mit großem Pomp die Eisenbahnlinie des berühmten Orient-Expresses – Paris-Istanbul – eingeweiht. Schon bald wurde dieser Zug zu einer Legende und begeisterte Abenteurer, Diplomaten, Reisende, Aristokraten und Unternehmer. Europa und der Osten kamen sich plötzlich näher. In Istanbul wurde das luxuriöse Hotel "Pera Palace" erbaut, das Besuchern als angemessene Unterkunft dienen sollte. Aber das Osmanische Reich zerfiel weiter, als sich Kreta, Bulgarien, Armenien und Mazedonien von der türkischen Herrschaft lossagten.

Zu Beginn des 20. Jahrhunderts formierte sich eine politische Bewegung, die sich Jungtürken nannte. Sie verabschiedete 1907 ein Reformprogramm. Angestrebt wurde darin die Wiederherstellung der Verfassung von 1876, die Einberufung eines Parlaments sowie die Beschränkung der Macht des Sultans. 1909 zwangen die Jungtürken das Parlament, Abd ül-Hamid seines Amtes wegen Inkompetenz zu entheben und ihn durch seinen Bruder Mohammed Reschad zu ersetzen. Der neue Sultan nahm den Platz seines Bruders ein, aber in Wirklichkeit regierte ein Triumvirat aus Mitgliedern der Jungtürken das Land. Diese drei Politiker verfolgten liberale Ziele, aber als 1914 der Erste Weltkrieg ausbrach, begingen sie den folgenschweren Fehler, sich – wenn auch nur halbherzig – auf die Seite der Deutschen zu stellen. Die türkische Armee war von dem Feldzug gegen Italien in Libyen und von den andauernden Kämpfen gegen Russland an der Ostgrenze des Landes bereits geschwächt, dennoch errang sie unter Mustafa Kemal Pascha, dem zukünftigen Atatürk, 1915 einen glorreichen Triumph. Siegessicher hatten die Alliierten die Türkei bereits unter sich aufgeteilt, als ihnen die feindliche Armee in der Schlacht von Gallipoli eine demütigende Lektion erteilte.

42 unten rechts Im Jahr 1912 war die Türkei in den Balkankrieg verwickelt. Zwei Jahre später beging sie den verhängnisvollen Fehler, sich im Ersten Weltkrieg auf die Seite der Deutschen zu stellen.

42-43 Nach der Machtübernahme der Jungtürken kam es zu Aufständen und Straßenschlachten. Dieses Foto wurde am 23. Januar 1913 vor dem Regierungsflügel des Topkapi-Palastes aufgenommen.

43 links Ein historisches Foto (1913) einiger Mitglieder der Gruppe, die Sultan Abd ül-Hamid II. zum Abdanken zwang. Von links nach rechts: der neue Großwesir Mahmud Sevket, Enver Bej und Izzet Pascha.

43 rechts Sultan Abd ül-Hamid II. wurde 1909 von den Jungtürken entmachtet und nach Saloniki verbannt. Er starb 1918 im Gefängnis.

44 November 1918 in Istanbul: Der Kommandeur der alliierten Streitmächte landet an der Bosporusküste, um das Hauptquartier für die Besatzungstruppen zu organisieren.

44-45 Die letzte Aktion der Alliierten gegen die Türken war der Einzug der britischen Truppen in Istanbul im Jahr 1918.

Trotzdem waren die Türken gezwungen, einem Waffenstillstand mit ungünstigen Bedingungen zuzustimmen. Er wurde 1918 in Mudros unterzeichnet. Von dem ehemals riesigen Osmanischen Reich blieb nur noch ein Schatten zurück. Die alliierten Mächte hatten vereinbart, dass der Irak und Palästina an Großbritannien gehen sollten, Syrien und der Libanon an Frankreich. Italien sollte den Dodekanes erhalten, eine Inselgruppe in der Ägäis, während Istanbul fortan unter russischer Kontrolle stehen sollte.

45 oben Der Strand
und das Feld von
Seddul Bahr im
südlichen Gallipoli
auf einer Fotografie
aus dem Jahr 1915.
Das britische Schiff
River Clyde, das hier
eine Brücke bildet,
gehörte zur
französisch-britischen
Flotte, die an der
blutigen Schlacht um
die Halbinsel
teilnahm.

In der Zwischenzeit kämpften die Griechen an der türkischen Küste um das hellenische Territorium, das ihnen im antiken Kleinasien gehört hatte. Smyrna und Thrakien hatten sie bereits eingenommen. Nie zuvor war die Türkei so nahe daran gewesen, von den Landkarten Europas und des Nahen Ostens zu verschwinden.

Da entschloss sich Mustafa Kemal Pascha, das Schicksal seines Landes in die Hand zu nehmen. Die Besetzung von Smyrna durch die Griechen im Mai 1919 war für den Politiker der Auslöser. Der regierende Sultan Mohammed VI. war lediglich eine Marionette und konnte ihn nicht von seinem Vorhaben abhalten. 1920 berief Mustafa Kemal Pascha die 1. Große Nationalversammlung in Ankara ein, die seine Pläne billigte und ihn zum Präsidenten ernannte.

Nun begann der zukünftige Atatürk den Krieg für die Unabhängigkeit des Landes zu organisieren. Zunächst zwang er Georgier und Armenier, in ihre Gebiete in Russland zurückzukehren. Danach mussten die Italiener den Dodekanes und andere Regionen aufgeben. Der nächste Schritt, den er unternahm, war, die Griechen zurückzudrängen, die begonnen hatten, ins Landesinnere einzufallen. Eine erste Entscheidung brachte die Schlacht am

45 unten Das
Titelbild der
Klavierpartitur
"Siege of
Constantinople"
("Belagerung
Konstantinopels").
Nach der Schlacht
auf der Halbinsel
Gallipoli, bei der die
Türken den Truppen
der Alliierten eine
vernichtende
Niederlage beibrachten,
wurde dies jedoch
niemals Realität.

Eine schwere Aufgabe erwartete den "Vater der Türken". Er musste sein Land ins 20. Jahrhundert führen und entschied sich für drastische Maßnahmen, die keine Abweichungen zuließen. Atatürk war überzeugt, dass man den Weg in die Moderne nur gehen könne, wenn man sich von allen traditionellen Vorstellungen löste.

Zunächst machte er Ankara zur Hauptstadt der Türkei, da es wesentlich weiter im Landesinneren liegt als Istanbul. Anschließend schaffte er die arabische Schrift ab und führte das lateinische Alphabet ein. Die Zeit wurde nun mit dem gregorianischen Kalender gemessen und der Fes, die traditionelle osmanische Kopfbedeckung, wurde verboten. Frauen mussten ihr Gesicht nicht mehr hinter Schleiern verstecken und sie erhielten das Wahlrecht. Damit konnten sie erstmals wählen und gewählt werden. Das islamische Gesetz wurde durch nichttheokratische Gesetze ersetzt, man schaffte die Polygamie ab und die Theologieschulen wurden geschlossen. Das Gesetz schrieb den Türken nun vor, einen Nachnamen zu wählen. Trotz unglaublicher Schwierigkeiten machte die Türkei große Fortschritte, nachdem man rigorose

Sakarya, in der die feindlichen Truppen zum Rückzug gezwungen wurden, gefolgt von der Eroberung Smyrnas am 9. September 1922. Die Griechen, die seit Generationen in der Türkei sesshaft waren, mussten ihre Häuser verlassen und in ein Land ziehen, das sie nicht ihre Heimat nannten. Das gleiche Schicksal ereilte auch jene Türken, die in der Region um Saloniki in Griechenland lebten.

Aufkeimende Uneinigkeit darüber, wie man diesen tief greifenden Umwälzungen begegnen sollte, veranlasste Atatürk dazu, zu verkünden, dass das Osmanische Reich sich überlebt habe und abgeschafft werden müsse. 1922 floh Mohammed VI., der letzte Sultan, aus Istanbul. Im darauf folgenden Jahr wurde die international anerkannte Republik Türkei ausgerufen. Der erste Präsident war Mustafa Kemal Atatürk.

wirtschaftliche Maßnahmen ergriffen hatte. Atatürk ignorierte das freie Unternehmertum weitgehend. Er bevorzugte stattdessen eine Art Planwirtschaft, wobei der Einsatz von Fremdkapital und der Import von Waren deutlich reduziert wurden.

Der Tod Atatürks im Jahr 1938 war ein schwerer Schlag für die Türkei. Dieser Staatsmann war ein Idol gewesen, nicht zuletzt deshalb, weil er selbst bescheiden gelebt und sich ganz den Interessen seines Volkes gewidmet hatte. Als seinen Nachfolger wählte man Ismet Inönü, der seit Kriegszeiten Atatürks Ratgeber und treuer Freund war.

Inönü war klug genug, Atatürk nicht zu imitieren. Er verfolgte vielmehr seine eigenen Ziele. Es gelang ihm, die Türkei bis zum Februar 1945 aus dem Zweiten Weltkrieg herauszuhal-

ten. Erst dann musste er dem internationalen Druck nachgeben und erklärte Deutschland den Krieg, was jedoch nur eine Formalität war. Im selben Jahr wurde die Türkei Mitglied der Vereinten Nationen.

Die politische Partei, die die Macht in

46 oben Mustafa Kemal Pascha, hier als junger Mann, wurde 1881 geboren und erhielt später den Beinamen Atatürk - "Vater der Türken".

46 unten Die osmanische Delegation unterzeichnet den Friedensvertrag von Sèvres (1920), der die Teilung der Türkei sanktionierte. Dieser Vertrag wurde von der Republik Türkei jedoch nicht akzeptiert.

46-47 Im Mai 1919 besetzten die Griechen Smyrna (Izmir), wo viele ihrer Landsleute lebten. Atatürks Truppen belagerten die Stadt und eroberten sie am 9. September 1922 zurück.

47 oben Im Jahr 1924 wurden freie Wahlen abgehalten, um die türkische Nationalversammlung zu wählen. Dieses Foto zeigt ein Wahllokal in Istanbul.

47 unten Atatürk war der Ansicht, dass Frauen ein Recht auf Bildung haben. Hier sieht man Schülerinnen der Berufsschule für Frauen in Istanbul.

Händen hielt, war die Republikanische Volkspartei, während andere Gruppierungen streng kontrolliert und unterdrückt wurden. Dennoch gelang es Celal Bayar, der mit Adnan Menderes die Demokratische Partei gegründet hatte, den Republikanern nach 27 Jahren die Macht zu entreißen.

Die Türkei intensivierte ihre Beziehungen zu den Vereinigten Staaten, die das Land mit beträchtlichen Summen unterstützte, als Gegenleistung für das Zugeständnis, in der Türkei Militärbasen errichten zu dürfen. Ungeachtet der Tatsache, dass Menderes' Wirtschaftspolitik bereits zu einem gewissen nationalen Wohlstand geführt hatte, beschuldigte man ihn, keine Opposition zuzulassen und das Land despotisch zu regieren. Im Mai 1960 wurde Menderes von der Armee gestürzt. Im September 1961 wurde er wegen Verfassungsbruchs hingerichtet. General Cemal Gürsel, einer der Anführer des Putsches übernahm als Vorsitzender des Komitees der nationalen Einheit die Regierung. Nach Verabschiedung einer neuen Verfassung wurde Gürsel Staatspräsident.

Süleyman Demirel, Vorsitzender der Gerechtigkeitspartei und seit 1965 Ministerpräsident, sah sich als Regierungschef wachsenden sozialen und wirtschaftlichen Problemen sowie ei-

48 oben Ismet Inönü vertrat dieselben ideologischen und moralischen Prinzipien wie Atatürk, dessen Nachfolger er 1938 wurde.

48 unten Adnan Menderes, der Führer der Demokratischen Partei, hier auf einem Foto mit Celal Bayar.

nem wachsenden Radikalismus gegenüber. 1971 zwang ihn die militärische Führung zum Rücktritt. 1973 wurde die Republikanische Volkspartei, die seit 1972 sozialdemokratisch orientiert war, stärkste Partei. Sie stellte in den darauf folgenden Jahren abwechselnd mit der Gerechtigkeitspartei den Ministerpräsidenten.

1974 entsandte Bülent Ecevit, der amtierende Ministerpräsident, nach dem Scheitern der Genfer Zypernkonferenz ein Expeditionsheer nach Nordzypern, um die türkischen Zyprioten zu schützen. Die türkische Republik Nordzypern wurde ausgerufen, aber von keiner anderen Nation anerkannt. Der Streit um Zypern ist bis heute nicht beigelegt.

Nachdem die türkischen Truppen in Zypern gelandet waren, kam es in Ankara zu mehreren Regierungskrisen

1997 von Mesut Yilmaz abgelöst, der bis November 1998 dieses Amt innehatte.

Die Türkei, die sich heute sehr darum bemüht, ein vollwertiges Mitglied der Europäischen Union zu werden, hat sich darauf vorbereitet, die großen Opfer zu bringen, die notwendig sind, um den EU-Standard zu erreichen.

Die inneren Spannungen haben nachgelassen, sind jedoch nicht beseitigt. Die Unterdrückung der Kurden zum Beispiel, die selbst mit terroristischen Mitteln versuchen, für die Region, in der sie leben, die Unabhängigkeit zu erwirken, ist eine traurige Realität. Die Begeisterung, die Atatürks Richtlinien einstmals hervorgerufen haben, ist zwar noch nicht vollkommen abgeflaut, sie wurde jedoch mit der Zeit stark abgeschwächt. Der Trend, sich einer dogmatischen Form des Islam zuzuwenden zeichnet sich ab.

und zu Gewaltakten links- und rechtsradikaler Gruppen. Die Lage spitzte sich derart zu, dass die Armee unter Führung von General Kenan Evren erneut eingriff. Die Bürgerrechte wurden außer Kraft gesetzt und alle parlamentarischen Aktivitäten untersagt. Man etablierte einen nationalen Sicherheitsrat, der das Land mit eiserner Hand regierte und die Türkei noch weiter von der Gemeinschaft der demokratischen Nationen entfernte, die bereits den Einmarsch in Zypern verurteilt hatte.

1983 stimmte die türkische Armee freien Wahlen zu. Diese konnte die Mutterlandspartei unter ihrem Vorsitzenden Turgut Özal, einem Wirtschaftsexperten, für sich entscheiden. Özal erwies sich als dynamischer Ministerpräsident, der das freie Unternehmertum förderte und damit einen Wirtschaftsaufschwung auslöste, der

die gesamten 80er-Jahre hindurch anhielt. 1989 wurde er zum Staatspräsidenten gewählt.

Nach Özals Tod im April 1993 wurde Süleyman Demirel Staatspräsident. Er ernannte die Wirtschaftsprofessorin Tansu Ciller zur Ministerpräsidentin. Sie setzte die Privatisierungspolitik entschieden fort, mit der ihr Vorgänger begonnen hatte. Doch trotz industriellen Wachstums und einer blühenden Tourismusbranche waren die Probleme des Landes einfach nicht in den Griff zu bekommen.

Nach dem Wahlsieg der islamistischen Wohlfahrtspartei 1995 (1998 verboten) und dem Scheitern einer Koalitionsregierung unter Mesut Yilmaz von der Mutterlandspartei schloss Ciller eine Koalition mit dem Islamistenführer Necmettin Erbakan. Er war zwischen 1996 und 1997 Ministerpräsident und wurde im Juni

48-49 *Necmettin Erbakan, Führer der konservativen Wohlfahrtspartei, hebt bei den Wahlen von 1995 in Siegeslaune den Daumen.*

49 *Die Wirtschaftsprofessorin Tansu Ciller wurde 1993 zur Ministerpräsidentin ernannt. Sie war die erste Frau, die in der Türkei ein solch hohes Amt bekleidete.*

EIN LAND – TAUSEND FACETTEN

50 unten rechts Das Innere von Ulu Camii, der Großen Moschee von Bursa, ziert ein dreistöckiger Brunnen aus grünem Marmor. Die Moschee, die im Jahr 1379 erbaut wurde, besitzt 20 Kuppeln. Die Pfeiler sind mit Koranversen in Altarabisch geschmückt.

50-51 Riesige Sonnenblumenfelder reichen fast bis zur Dardanellenküste. Nicht weit von dieser ländlichen Idylle entfernt liegt Troja, die Stadt, von der Homer berichtete.

51 links Thrakien kann sich eines der Meisterwerke des osmanischen Architekten Sinan rühmen. Es handelt sich dabei um die Moschee Selims II., eine der schönsten osmanischen Moscheen. Sie steht in Edirne, selbst ein architektonisches Juwel der europäischen Türkei.

51 rechts In der Osttürkei, nahe der syrischen Grenze, ist die Landschaft oft karg. Hier ein Blick übers Land nahe bei Malatya. Etwa 60 km östlich der Stadt befindet sich auf dem Nemrut Dag das Mausoleum von König Antiochos I. von Kommagene.

50 links Die Moschee Selims II. in Edirne ist ein Meisterwerk osmanischer Architektur.

50 oben rechts Die Moschee Murads II. wurde 1426 erbaut. In ihrem Garten wurden 13 Türben errichtet, Grabbauten der Sultane. Der Sarkophag in der Mitte birgt Murad II., der wünschte, dass man seinen Sarg unter der Öffnung in der Mitte der Kuppel platzierte, damit der Regen darauf fällt.

"**T**urkiye'ye os, geldiniz" ("Willkommen in der Türkei"), in einem außergewöhnlichen Land, in dem sich brodelnde Metropolen wie Istanbul mit unbewohnten Steppen abwechseln, mit weißen Stränden und blauem Meer, mit Baumwoll-, Weizen- und Tabakfeldern und mit bewaldeten Bergen, in denen Wölfe und Bären leben. Thrakien, das auf dem Balkan liegt, ist die unbekannteste Region der Türkei. Grund für einen Besuch Thrakiens bietet das antike Adrianopel (Edirne) mit seinen Moscheen des 15.-16. Jahrhunderts, darunter die prächtige Selimiye Camii, die Moschee Selims II. Sie wurde von Sinan, dem Baumeister für das gesamte Osmanische Reich, entworfen. Erbaut im Jahr 1557 zu Ehren des Sultans Selim II., dominiert sie mit ihren vier spitz zulaufenden Minaretten die Stadt. Das Innere, das 99 Fenster erhellen, besticht durch seinen Fayence- und Marmordekor.

Südöstlich von Istanbul erstreckt sich am Marmarameer die bewaldete, hügelige Küste des Golfs von Izmir. Hier findet man ausgedehnte Olivenhaine, die einst das Öl für die Tafel des Sultans lieferten. Folgt man der Küste in westlicher Richtung, gelangt man in die Stadt Bursa, die bis 1361 Sitz der osmanischen Sultane war. Sie thront an den Hängen des Ulu Dag (2493 m) und wurde von den Römern wegen ihrer heißen Quellen sehr geschätzt. In der Altstadt findet man 125 Moscheen sowie die Gräber der Sultane Osman I. und Orhan, während das moderne, industrialisierte Bursa mittlerweile sogar Iznik in den Schatten stellt, das vor allem für seine Keramiken bekannt ist.

Breite gepflasterte Straßen ziehen sich über das flache anatolische Plateau und bringen den Reisenden nach Gordion. Hier befindet sich ein mysteriöses, völlig intaktes Hügelgrab, in dem König Midas ruhen soll.

52 links Die türkische Flagge weht über der Zitadelle von Ankara. Die Festung stammt aus dem 3. Jahrhundert v. Chr. Die doppelte Mauer wurde jedoch erst im 9. Jahrhundert n. Chr. bei Renovierungsarbeiten auf Kosten der alten Gebäude errichtet.

52 rechts Das Mausoleum von Kemal Atatürk wirkt sehr streng und gilt nicht als größte Attraktion Ankaras. Das Monument hat jedoch symbolische Bedeutung, da sich Ankara in kurzer Zeit entwickelte und nach Istanbul zur zweitgrößten Stadt des Landes aufstieg.

52-53 Eine kleine Moschee erhebt sich mit ihrem Minarett inmitten der Häuser im alten Teil von Ankara. Aufgrund ihrer geographischen Lage eroberten die Moslems aus dem Südosten die Stadt noch vor Konstantinopel. Mn findet hier einige der ältesten islamischen Bauwerke des Landes.

53 links und oben rechts Die alten Viertel von Ankara verteilen sich an den Hängen und innerhalb der Mauern der Zitadelle. Diese beiden typischen Ansichten wurden innerhalb der Festung aufgenommen.

53 Mitte rechts und unten rechts Das Museum für Anatolische Kulturen ist in einem Haus aus dem 15. Jahrhundert untergebracht. Beginnend mit Fundstücken aus Çatal Hüyük umfasst die Sammlung alle Kulturen, die bis zur griechisch-römischen Zeit in der Türkei ansässig waren.

Nicht weit davon entfernt liegt Ankara das in vielem einer europäischen Metropole ähnelt. Über den bunten Holzhäusern der Altstadt thront die Zitadelle aus dem 3. Jahrhundert v. Chr. Hier befindet sich in einem Haus aus dem 15. Jahrhundert das außergewöhnliche Museum für Anatolische Kulturen. Es informiert über die verschiedenen Völker, die seit Anbeginn der Menschheit in dieser Region lebten. Aus römischer Zeit ist der Augustustempel (2. Jahrhundert v. Chr.) erhalten. Er wurde Kaiser Augustus geweiht, als die Römer die Provinz übernahmen. Zu den modernen Monumenten der Hauptstadt gehört das quadratische und strenge Mausoleum Kemal Atatürks.

Fährt man weiter nach Osten, gelangt man nach Bogazkale (Bogazköy). In der Antike hieß der Ort Hattusa. Er war die massiv befestigte Hauptstadt der Hethiterreiches. Fünf Tempel hat man hier freigelegt, von denen der größte dem Wettergott und seiner Gemahlin geweiht war. Zur Zeit ihrer größten Ausdehnung war Hattusa von einer ca. 6 km langen Mauer mit mehreren Toren (Königstor, Löwentor, Sphinxtor). umgeben Die Stadtmauer war so massiv, dass die Griechen noch 500 Jahre nach dem Untergang des Hethiterreiches dachten, sie sei das Werk von Riesen.

In der Nähe von Hattusa befindet sich das hethitische Felsheiligtum Yazilikaya, das im 13. Jahrhundert v. Chr. mit herrlichen Reliefs verziert wurde. Sie zeigen eine Götterprozession mit der Begegnung der hethitischen Hauptgötter Hepat und Tesub.

Hier in den Ebenen, umgeben von Bergen, an deren Hängen zum Teil noch nomadische Hirten und Teppichweber ihre Zelte aufgeschlagen haben, schlägt das Herz der Türkei schon am längsten. Eine wahre Augenweide ist die Farbenpracht der kultivierten Felder. In einer Landschaft, die sich seit Jahrtausenden kaum verändert hat, leuchten weiße Baumwolle, grüne Tabakpflanzen und gelbe Sonnenblumen.

54 links Das flache Terrain rund um Bogazkale steigt bei Yazilikaya, nahe den eindrucksvollen Ruinen von Hattusa, steil an. Hier lebten in der Antike die Phrygier. Das Foto zeigt ein Felsgrab aus dem 6. Jahrhundert v. Chr., das Besuchern zugänglich ist.

54 rechts Das Felsheiligtum von Yazilikaya liegt an einem Gebirgsausläufer, unweit der Hethiterhauptstadt Hattusa. Den Weg, den die Besucher heute durch die Felsen nehmen und der den Menschen vor 3000 Jahren heilig war, zieren Reliefs, die eine Götterprozession darstellen.

54-55 Durch das Löwentor, das denselben Namen trägt wie das Haupttor des antiken Mykene, gelangt man zu den Ruinen der alten Hethiterstadt Hattusa. Die monumentale Architektur versetzte selbst die alten Griechen in Erstaunen, denen solche Städte eigentlich nicht fremd waren.

55 oben rechts Neben der sich nur langsam entwickelnden Industrie, zu der auch der Tourismus zählt, bildet der Ackerbau noch immer eine wichtige Einkommensquelle. Die überall gegenwärtigen Sonnenblumen liefern ein Öl von höchster Qualität.

55 Mitte rechts und unten rechts Hattusa liegt in einer Region, die isoliert ist von den Entwicklungen und Fortschritten der übrigen Türkei. Die einzigen Veränderungen in der uralten lokalen Agrikultur bestanden in der Einführung neuer Produkte wie Tabak, Baumwolle und Sonnenblumen sowie in der Vergrößerung der Felder. Diese einsame Nomadin und die drei Baumwollpflückerinnen scheinen die Bemühungen ihrer Regierung um den Beitritt zur Europäischen Union gänzlich unberührt zu lassen.

56 links "Feenschornsteine". So nennen die Einwohner Kappadokiens liebevoll die bizarren Gesteinsformationen, die Wind und Regen in Jahrtausenden geschaffen haben. Die Felsnadeln, die der Region ihr charakteristisches Aussehen verleihen, entstanden nach gewaltigen Eruptionen des Erciyas Dag.

56 rechts Im Zelve-Cañon findet man dieses außergewöhnliche "Freilichtmuseum". Es handelt sich um ein in den Fels gehauenes Dorf, das vor über 20 Jahren von seinen Bewohnern verlassen wurde. Häuser, Ställe, Keller, Kirchen, Kornspeicher - einfach alles ist aus dem Tufffels gehauen.

56-57 Fast könnte man glauben, man sei auf dem Mond und nicht in Kappadokien gelandet. Dieses Foto zeigt die fantastische und fremdartige Landschaft um den Ort Üçisar mit seinen heute verlassenen Höhlenbehausungen.

57 oben Feenschornsteine in allen Größen reichen hier bis in die Ebene. Da Kappadokien auf einer Höhe von über 1000 m liegt, fällt hier im Winter oft Schnee. Weintrauben und Obstbäume werden überall angepflanzt, wo es ausreichend Wasser gibt.

57 Mitte Die Feenschornsteine von Zelve erheben sich inmitten von Weinbergen und Obstbäumen. Die Felsnadeln mit ihrem charakteristischen "Hut" wurden oft ausgehöhlt und als Ställe oder Lagerräume verwendet, manchmal auch als Aussichtstürme.

57 unten Das Peribacalar-Tal bilden uralte Felsformationen, die von der Erosion geschaffen wurden. Die graue Farbe der Felsen variiert je nach Tageszeit und Intensität des Sonnenlichts von hellem Weiß bis zu leuchtendem Gold.

Kayseri, das alte Mazaka, ist die Hauptstadt Kappadokiens und ein führendes kulturelles Zentrum mit Moscheen und theologischen Schulen, deren Ruhm bis ins 13. Jahrhundert zurückreicht. Die Stadt wird vom Erciyas Dag beherrscht, einem erloschenen Vulkan, dessen Eruptionen die geologischen Wunder dieser Region schufen.

Kappadokien ist vor allem bekannt für seine Lavalandschaft, die im Lauf der Jahrtausende durch Erosion geformt wurde. Hier fanden Hirten, Einsiedler und Mönche Schutz. Die Region wirkt mit ihren "Feenschornsteinen", Höhlen und Schluchten wie verzaubert.

Die Mönche, die in den Anfangszeiten des Christentums in Kappadokien lebten, schlugen Kirchen und Kapellen aus dem weichen Tufffels und bemalten sie mit herrlichen Fresken, die jedoch oftmals den Ikonoklasten zum Opfer fielen. Dennoch begeistern die heiligen Stätten die Besucher, die in die Kirchen Kappadokiens kommen. Jedes Jahr pilgern Touristen in die bekanntesten Orte: Göreme, Avanos und Ürgüp. Nicht weit davon trifft man auf das unberührte Kappadokien, wie Soganli und das Ihlara-Tal, dessen reich verzierte Felskapellen einsam und fast vergessen in einer urzeitlichen Landschaft stehen.

Kappadokien ist aber nicht nur wegen seiner einzigartigen Landschaft und seiner archäologischen Schätze faszinierend, sondern auch wegen des ar-

58 links In Çavusin nahe Avanos befindet sich die in den Fels gehauene Kirche des heiligen Johannes, deren Inneres mit Fresken verziert ist. Die Fassade erhebt sich zwischen ionischen Säulen, die ebenfalls aus dem Fels gehauen sind.

58 rechts Der Eingang zu einer Moschee, die am Zugang zum Zelve-Cañon aus dem weißen Tufffels gehauen wurde.

chaischen Lebensstils, den die ansässigen Bauern pflegen, die vor noch nicht allzu langer Zeit ihre Tuffhäuser verlassen mussten.

In südwestlicher Richtung gelangt man in die Provinz Konya, dessen gleichnamige Hauptstadt als besonders orthodox gilt. In dieser Provinz liegt Çatal Hüyük, eine stadtartige Großsiedlung aus der frühen Jungsteinzeit.

Man sollte nicht versäumen, in Konya das Kloster Mewlana (Mevlana Tekkesi) zu besuchen, eine Abtei der tanzenden Derwische. Hierbei handelt es sich um islamische Bettelmönche, deren Ordensgründer Djelal od-Din Rumi war, der bedeutendste Dichter der persisch-islamischen Mystik. Die Mewlewije (tanzende Derwische) erreichten bei einer Zeremonie namens *Sema* einen ekstatischen Zustand, indem sie sich wirbelnd im Kreis drehten. Diese Zeremonie wird auch heute noch abgehalten, dient jedoch nicht mehr religiösen Zwecken. Im Kloster Mewlana befindet sich das Mausoleum Djelal od-Din Rumis, das mit seinen grün leuchtenden Kacheln weithin sichtbar ist.

Kappadokien hält aber noch weitere Überraschungen für seine Besucher parat: Kaymakli und Derinkuyu, die bereits von Xenophon in seinem Werk *Anabasis* erwähnt werden. Die beiden großen Städte, die aus dem Erdinneren gehauen wurden, dienten als Zufluchtsorte vor den verschiedensten Invasoren. Kaymakli, das vermutlich

58-59 Es scheint unvorstellbar, dass in der bizarren Landschaft Kappadokiens Obstbäume gedeihen.

59 links Üçhisar endet an einem Felsen, dessen Gipfel einen Rundblick über die gesamte Region ermöglicht. Die Menschen kommen gern hierher um den Sonnenuntergang zu bewundern.

59 oben rechts 925 ließ Atatürk die Abtei der tanzenden Derwische schließen. Aber am Feiertag des Ordensstifters Djelal od-Din Rumi wird noch immer der Sema getanzt.

59 unten rechts Die leuchtende Farbe des Mausoleums Djelal od-Din Rumis ist ein Symbol Konyas. Die grüne Farbe scheint auf die Toleranz anzuspielen, die der Mystiker predigte.

61 links Der Stil
der Kirchen von
Kappadokien ist
byzantinisch mit
armenischen und
syrischen Einflüssen.
Dieses Fresko ziert die
Kirche des heiligen
Johannes in Göreme.

61 oben rechts
Die Kirche in Kadir
Durmus zieren keine
Fresken. Das Foto
zeigt die Kanzel und
die eleganten Bogen,
die den Raum
gliedern.

bereits im 5. Jahrhundert v. Chr. bewohnt war, erstreckt sich über mehrere Ebenen. Überraschend ist die Einrichtung der einzelnen Kammern: Bänke, Tische und Betten sind aus dem weichen Tufffels gehauen. Derinkuyu ist noch etwas größer und erstreckt sich über sieben Ebenen. In den zahllosen Kammern, die durch ein Netz von Gängen miteinander verbunden sind, konnten tausende von Menschen untergebracht werden.

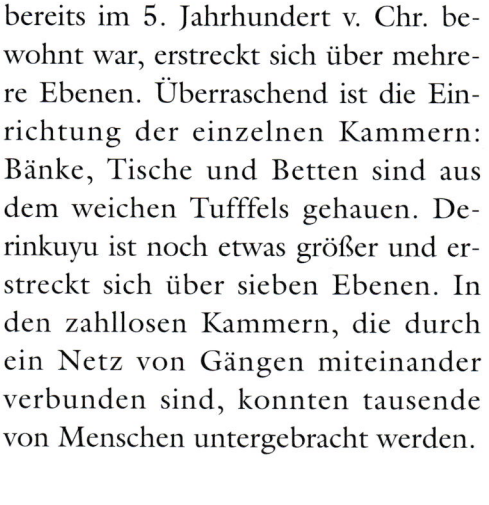

60 links Die
herrlichen Fresken in
der Kirche von
Çavusin weisen eine
stilistische Mischform
auf, die sie von den
Fresken in anderen
Kapellen dieser
Gegend unterscheidet.

60 rechts Die
"versteckte Kirche"
erhielt ihren Namen,
weil sie in den Fels
gehauen und schwer
zugänglich ist. Sie
befindet sich in
Göreme und ihre
Fresken sind dank des
trockenen Klimas gut
erhalten.

60-61 Yusuf Koç, die
Kirche des heiligen
Johannes in Göreme,
wurde aus dem
Tufffels gehauen.
Typische Merkmale
dieses
außergewöhnlichen
Bauwerks sind die
vielen Kuppeln,
Bogen und Säulen.

61 Mitte rechts Die
beiden bedeutendsten
unterirdischen Städte
in Kappadokien sind
Kaymakli und
Derinkuyu. Hier ein
Blick auf Kaymakli,
das aus einem
Labyrinth von
Gängen besteht und
erst 1963 wieder
entdeckt wurde. Es
erstreckt sich über
mehrere Ebenen. Hier
suchten die Bewohner
der Gegend Schutz,
wenn sie von Feinden
angegriffen wurden.

61 unten rechts Die
unterirdischen Städte
waren perfekt
organisiert und boten
tausenden von
Menschen
Unterkunft. Jede
Ebene ist etwa 3 m
hoch und die Gänge
reichen bis in eine
Tiefe von 75 m.

62 oben links Einer der vielen kleinen Seen in der Osttürkei leuchtet in der Frühlingssonne. Die dünn besiedelte Region um den Vansee, den größten See des Landes, ist relativ gebirgig und wird kaum von Touristen besucht.

62 Mitte links Dies könnte auch ein Foto von der Marsoberfläche sein oder von einer mongolischen Steppe zu Beginn der Schneeschmelze. Tatsächlich zeigt die Aufnahme jedoch ein bergiges Gebiet am Ostufer des Vansees, nahe der Stadt Van.

62 unten links Der nüchtern wirkende Palast Issak Pascha steht einsam in der Nähe des Ararat. Hinter der Grenze, die von massiven Gebirgen geschützt wird, liegen der Iran, Armenien und Aserbaidschan.

62-63 Ostanatolien ist eine Halbwüste von wilder Schönheit. Die Burg Mahmudiye befindet sich in der Nähe von Hosap, westlich des Vansees. Mit ihren massiven Mauern und Türmen war diese Zitadelle ein Außenposten am Rand der östlichen Steppe.

63 links Das Leben in den Bergen der Osttürkei kann hart sein, wie man am Gesicht dieses Hirten ablesen kann, der Futter für sein Vieh durch den Schnee trägt.

63 rechts Dieses Foto fängt den Zauber einer Viehherde im Winter ein und zeugt von dem einfachen und harten Leben in dieser unwirtlichen, aber wunderschönen Region Ostanatoliens.

Den Mittelpunkt der Osttürkei bildet in etwa der Vansee, ein abflussloser Salzsee im Ararat-Hochland. Er ist vom Taurus mit seinen schneebedeckten Gipfeln und von wüstenartigen Ebenen umgeben, in denen es Burgen und Karawansereien gibt. Im Lauf der Jahrhunderte siedelten viele Völker unterschiedlicher Herkunft am Vansee, der auf einer Höhe von 1646 m über dem Meeresspiegel liegt. Als Letzte kamen die Kirgisen aus Afghanistan an den See. Die Nachfahren Dschingis Khans ließen sich in Altınçay nieder. Noch heute tragen sie ihre traditionellen Trachten.

Seit prähistorischen Zeiten fanden die unterschiedlichsten Volksstämme Zuflucht in dem Land, in dem Euphrat und Tigris entspringen. Der Legende nach befand sich hier vor der Sintflut der Garten Eden. Archäologen fanden heraus, dass die Stadt Van (das antike Tuspa) im 9. Jahrhundert v. Chr. die Hauptstadt des Reiches Urartu war.

In der Region um Van gibt es viele Burgen, von der Festung Urartian in Çavustepe bis zu der massiven Burg aus dem 17. Jahrhundert, die die Stadt Hosap (ca. 60 km östlich von Van) überragt. Im Süden des Vansees befindet sich auf der Insel Ahtamar ein Kloster, das im 10. Jahrhundert erbaut wurde, mit einer herrlichen armenischen Kreuzkuppelkirche, in die sich nur selten ein Tourist verirrt.

64 Der deutsche Ingenieur Sester überprüfte die Informationen eines türkischen Geologen und fand inmitten der zerklüfteten, wilden Berge Ostanatoliens das Mausoleum von Antiochos I. von Kommagene, das die gesamte Region dominiert.

64-65 Die geheimnisvollen, zeitlosen Köpfe von Kolossalstatuen liegen verstreut auf den Terrassen des Mausoleums auf dem Gipfel des Nemrut Dag. Ungeachtet der Tatsache, dass die Statuen im Lauf der Jahrhunderte zu Geröll verfallen sind, wirken ihre Überreste noch immer eindrucksvoll.

65 oben links Nach einer kalten Nacht in den anatolischen Bergen erwärmen die Sonnenstrahlen die Ruinen auf der Ostterrasse des Nemrut Dag.

65 unten links und oben rechts Diese Gesichter stellen die Göttin Tyche und vielleicht Antiochos I., den Besitzer des Mausoleums, dar.

65 unten rechts
Dieses Relief aus Erki Kale, dem antiken Arsameia, zeigt die Begegnung zwischen Mithridates VI. Eupator, dem König von Pontos, und Herakles. Die Arbeit gehört zu den Meisterwerken des Kunststils, der sich in dieser abgelegenen Region Kleinasiens entwickelte.

Westlich von Van und der Stadt Diyarbakir befinden sich auf dem Nemrut Dag (2802 m) die mysteriösen Ruinen des Mausoleums von König Antiochos I. von Kommagene. Im Altertum war Kommagene die nördlichste Landschaft Syriens zwischen Kilikien und dem Euphrat. Der Gipfel des Nemrut Dag, des höchsten Berges der Region, wird von zwei imposanten Terrassen flankiert, die nach Os-

dem Berg erzählen die Geschichte eines offensichtlich größenwahnsinnigen Königs. Sein Grabmal geriet jahrtausendelang in Vergessenheit. Erst vor etwa 100 Jahren wurde es von einem deutschen Ingenieur und einem türkischen Geologen wieder entdeckt.

ten und Westen ausgerichtet sind. Sie wurden von Antiochos I. angelegt. Auf diesen Terrassen liegen die gewaltigen Köpfe von Kolossalstatuen, die griechische Gottheiten wie Tyche, Apoll, Herakles und Zeus darstellten, als deren Nachkomme sich Antiochos verstand. In der etwa 100 km entfernten Stadt Katha werden Tagesausflüge auf den Nemrut Dag organisiert.
Die Kolossalköpfe und die Reliefs auf

In Büchern über die Türkei wird die nördliche Region des Landes häufig nur am Rande erwähnt. Sehr zu Unrecht, denn die Küste am Schwarzen Meer hält für ihre Besucher viele Überraschungen bereit. Die knapp 1200 km lange Küstenlinie erstreckt sich von Sile bis Hopa. Sie wird nur gelegentlich von ehemaligen Fischerdörfern unterbrochen, die neue, hässliche, oft nicht fertig gebaute Häuser verunstalten.

An den Berghängen, wo Tabak, Tee, Obst und Getreide angebaut werden, vermischen sich zur Erntezeit die Farben der Natur mit den leuchtend blauen Kleidern der Frauen. Das grüne und wilde Landesinnere wird von Koniferenwäldern umschlossen, in denen ungezähmte Wildbäche rauschen und eine Vielzahl von Tieren lebt. Das Meer füllt die Netze der Fischer mit *Hamsi*, den Sardinen, für die es 101 Zubereitungsarten gibt.

Dies ist die Region des antiken Kolchis, das in der griechischen Sage die Heimat der Medea und das Ziel der Argonauten ist. Auf der Akropolis der alten Stadt Trapezunt (Trabzon) findet man ehemalige byzantinische Kirchen (zum Beispiel Panagia, Chrysokephalaia, Hagios Eugenios), die zum Teil in Moscheen umgewandelt wurde. Aus dem 13. Jahrhundert datiert die Kirche der heiligen Sophia, die für ihre byzantinischen Malereien bekannt ist. Die Nähe zu Russland macht Trabzon zu einem beliebten Umschlagplatz für Waren aller Art, wobei die Geschäfte nicht immer ganz legal

*66 links und rechts
Die bunten Märkte
in den Städten
entlang der Küste des
Schwarzen Meeres
sind ein Blickfang.
Diese Fotos belegen
den Charme von
Zonguldak, das
nordwestlich von
Ankara liegt. Es
gehört ebenso wie
Sinop (das antike
Sinope) und Trabzon
(das antike
Trapezunt) zu den
größten Städten
dieser Küstenregion.*

*66-67 Der Corub
fließt friedlich durch
das Tal, das nach ihm
benannt ist, flankiert
von Pappeln und
Zypressen, die der
tristen Landschaft
einen Hauch Farbe
verleihen.*

*67 links Das Kloster
von Sumela befindet
sich an einem steilen
Felshang und ist
größtenteils aus dem
Fels gehauen. Die
Ersten, die sich hier
niederließen, waren*

*die Einsiedler
Barnabas und
Sophronius
(4. Jahrhundert). Sie
versteckten an diesem
Ort eine Ikone des
heiligen Lukas.*

*67 rechts Die
kostbaren Fresken von
Sumela entgingen
glücklicherweise dem
Vandalismus, der sich
hier austobte,
nachdem die letzten
griechischen Mönche
das Kloster 1923
verlassen hatten.*

sind. Das Juwel dieser Region ist das
Kloster der Jungfrau der Schwarzen
Berge in Sumela auf einer hoch aufragenden Felsklippe. Es wirkt genauso
unwirklich und isoliert wie die Me-
teoraklöster in Griechenland. Die Gebäude, die heute zu sehen sind, stammen aus dem 12. Jahrhundert und
wurden nach und nach vergrößert, um
hunderte von Mönchen unterzubrin-
gen. Die letzten Klosterbrüder lebten
hier bis 1923. Die Fresken in den Kirchen und Kapellen des Klosters sind
von hohem künstlerischem Wert, be-
dürfen jedoch, wie der gesamte Komplex, dringend einer Restaurierung.

68 links Leuchtend bunte Kleider schützen diese anatolische Bäuerin vor der Kälte. Ursprünglich nahm man an, dass die Arche Noah nach der Sintflut auf dem Ararat (auf dem Foto im Hintergrund) gestrandet sei. Heute weiß man jedoch, dass sich der biblische Text nicht auf den Berg, sondern das Land Ararat bezieht.

68 rechts Die Frauen
in Ostanatolien
lieben bunte,
gemusterte Gewänder,
die sie mit einer
angeborenen Anmut
tragen. Hier posiert
eine Mutter mit
ihrem Sohn vor ihrem
Zelt. Die Viehzucht
ist seit alters die
Haupteinnahmequell
e dieses freien und
stolzen Volkes.

68-69 Das
Krankenhaus in der
Mitte dieses Fotos
wurde 1228 erbaut
und befindet sich im
Dorf Divrigi, östlich
der Stadt Sivas. Es ist
ein außergewöhnliches
Beispiel für
seldschukische
Architektur und
wurde von der
UNESCO zum
Weltkulturerbe
erklärt.

69 oben rechts Der
Ararat ist ein
erloschener Vulkan im
Ararat-Hochland. Er
ist häufig von Wolken
verhangen, doch dieses
Foto zeigt ihn in
seiner ganzen
Schönheit. Es ist
verboten, den Berg
allein zu besteigen.

69 unten rechts Die
Landschaft
Ostanatoliens ist
meistens sehr eintönig,
nur gelegentlich gibt
es Gebiete von
anmutiger Schönheit.
Pappelhaine sieht
man hier häufig, da
diese Bäume in der
Nähe von Quellen
oder Bächen wild
wachsen.

Südöstlich des Schwarzen Meeres gelangt man in die Region des antiken Reiches Urartu, das seine Blütezeit vom 9.–7. Jahrhundert v. Chr. erlebte. Hier befindet sich auch der Berg Ararat. Ursprünglich nahm man an, dass die Arche Noah auf diesem Berg gestrandet sei, der biblische Text bezieht sich jedoch auf das Land Ararat. Das Ararat-Hochland, zu dem der gleichnamige Berg gehört, bildet eine natürliche Grenze zwischen der Türkei (Westseite) und Armenien (Ostseite).

Agri Dag, so lautet der türkische Name dieses berühmten Berges, ist ein 5165 m hoher Vulkan, der viele Bergsteiger in seinen Bann zieht.

Aus geographischer und geologischer Sicht besteht der Ararat aus dem Großen und dem Kleinen Ararat, die durch einen breiten Sattel voneinander getrennt sind. Der Große Ararat ist ein schlafender Vulkan, der Kleine Ararat ist seit Tausenden von Jahren erloschen.

Quer durch die Ruinen der Geisterstadt Ani (Ocakci) verläuft heute die russisch-türkische Grenze. Dies ist einer der aufregendsten, aber am meisten vernachlässigten Orte der Osttürkei. Von der einstigen Hauptstadt der Bagratiden sind zahlreiche Kirchenruinen und Reste der Stadtmauer aus dem 10. bis 13. Jahrhundert erhalten. Einst lebten 100 000 Menschen in der Stadt, die über etwa 1000 religiöse Gebäude verfügte. 1239 zerstörten die Mongolen Ani.

70 oben links Troja wurde viele Male zerstört und wieder aufgebaut. Dies erklärt, weshalb die Stadt heute in neun archäologischen Schichten zu finden ist. Hier ein Foto des heiligen Bezirks von Troja VIII und Troja IX (ca. 700 v. Chr. - 300 n. Chr.).

70 Mitte links Am leichtesten sind in Troja die Überreste der Mauern der verschiedenen Stadtschichten zu identifizieren. Der Abschnitt auf diesem Foto wird auf ca. 1700-1200 v. Chr. datiert, jene Periode, die vermutlich mit der von Homer beschriebenen Belagerung durch die Achaier endete.

70 unten links Eines der am besten erhaltenen Monumente Trojas ist das kleine Odeion außerhalb der Stadtmauern. Es stammt aus der Zeit 400-350 v. Chr. und ist hellenistischen Ursprungs.

70-71 Die Küste des antiken Königreiches Lykien bietet viele herrliche Anblicke. Kleine sandige Buchten wechseln sich ab mit weißen, vom Meer ausgewaschenen Felsen und überall schimmert das kristallklare Wasser in Türkis- und Smaragdtönen.

71 links Meist erwarten die Besucher Trojas, etwas "Homerisches" zu sehen, deshalb hat man am Eingang zur Grabungsstätte dieses Trojanische Pferd aufgestellt. Es ist ein Tribut an die Ilias, Homers Epos, das die aufregende und tragische Geschichte des Trojanischen Kriegs erzählt.

71 rechts Auf den Glockenturm ist man in Çanakkale besonders stolz. Die Stadt verdankt ihren Bekanntheitsgrad vor allem der Nähe zu Troja. Viele Jahrhunderte lang war sie jedoch auch aufgrund ihrer strategisch günstigen Lage an den Dardanellen von Bedeutung.

Die Küste der asiatischen Türkei beginnt bei den Dardanellen und endet am Orontes, an der syrischen Grenze. An diesem langen Küstenstreifen findet man die Ruinen einer der berühmtesten Städte des Altertums: des antiken Trojas. Die Wiederentdeckung des sagenumwobenen Trojas ist dem Altertumsforscher Heinrich Schliemann zu verdanken, der 1870 in der Überzeugung, die legendäre Stadt des Priamos zu finden, mit Grabungen auf dem Hügel Hissarlik (nahe Çanakkale) begann. Seine Intuition erwies sich als richtig, denn er entdeckte das versunkene Troja und hob seine Goldschätze.

Die nächsten Grabungen deutscher Archäologen, die etwas besser organisiert waren, zeigten, dass Schliemann nur eine von neun Städten gefunden hatte, die auf dem Hissarlik von der Bronzezeit bis zur griechischen und römischen Zeit, übereinander gebaut worden waren. Experten bestätigten später, dass die Stadt, die von den Achaiern dem Erdboden gleich gemacht worden war, vermutlich Troja VII war. Da die Stadt geplündert und niedergebrannt worden war, barg diese Schicht kaum wertvolle Fundstücke. Homers Erzählungen von den Helden, die auf beiden Seiten kämpften und die Generationen von Romantikern zum Träumen brachten, können somit durch keinerlei Beweise untermauert werden.

72 links Die Funktion
der Roten Basilika in
Pergamon ist nicht
bekannt. Das Gebäude
wurde im
2. Jahrhundert unter
Hadrians Herrschaft
erbaut und war
vielleicht ein Tempel
des Asklepios oder des
Sarapis.

72 rechts Pergamon
war eine der
prächtigsten Städte des
antiken Kleinasiens.
Das Foto zeigt den
Trajantempel auf der
Akropolis.

Südlich von Çanakkale stößt man auf weitere Juwelen lydischer Architektur. Pergamon und Sardes, zwei Städte, deren blühende Wirtschaft und Kultur ihren Ruhm in der ganzen Welt begründeten. Pergamon liegt 300 m über dem heutigen Bergama, das für seine geknüpften Teppiche bekannt ist. Das goldene Zeitalter der alten Stadt begann in griechischer Zeit, als sie zu einem Zentrum für Handel und Kultur wurde und die örtliche Bibliothek die zweitgrößte nach Alexandria war. Eindrucksvoll sind die Ruinen des Theaters, erbaut an dem Steilhang, der heute die moderne Stadt überragt. Die Akropolis bietet einen herrlichen Blick über das lydische Hinterland und weist bemerkenswerte Tempelruinen auf, unter denen sich auch ein massives und gut erhaltenes korinthisches Bauwerk befindet. Es war Trajan geweiht und wird wegen der Farbe seiner Steine, die einst mit Marmor überzogen waren, Rote Basilika genannt.

Sardes war die Hauptstadt des lydischen Königreiches, über das Krösus regierte, ein unsagbar reicher Herrscher. Den Reichtum Krösus' belegen noch heute die Ruinen der einstmals grandiosen Gebäude. Der so genannte Marmorhof zum Beispiel, der dem Gymnasion vorgebaut ist, gilt als Meisterwerk des römischen "Barock", der zur Zeit des Septimius Severus äußerst beliebt war. Die Ruinen der Synagoge in der Nähe der

72-73 Das Theater von Pergamon liegt an einem steilen Hügel und war eines der größten der Antike. Es besaß 80 Sitzreihen, auf denen 10 000 Besucher Platz fanden, und war berühmt für seine perfekte Akustik.

73 links Der elegante Marmorhof ist das schönste Bauwerk von Sardes. Er ist dem römischen Gymnasion (3. Jahrhundert) vorgebaut.

73 oben rechts Die Römer fügten dem bereits prachtvollen Sardes herrliche Bauwerke hinzu. Die großzügige Architektur und der weiße Marmor sind typisch für diese Epoche.

73 unten rechts Unter den Ruinen der Synagoge, die sich an das Gymnasion anschließt, befindet sich dieser Altar, den Löwen, Adler und herrliche Mosaiken zieren.

Thermen sind ebenfalls bemerkenswert. Hier befindet sich auch ein Altar, der seltsamerweise mit Adlern verziert ist, eine eindeutige Missachtung des jüdischen Gesetzes, das die Darstellung anthropomorpher oder zoomorpher Figuren verbietet, da sie als Idole gelten, die den Glauben unterminieren.

75 oben rechts Florale Motive umgeben die Medusa auf der Lünette über dem Eingang des Hadriantempels, einem der Monumente an der Marmorstraße.

75 unten rechts Kaiser Hadrian kam oft an die türkische Küste. Als Anerkennung für seine siegreichen Feldzüge ins

Hinterland wurden ihm zu Ehren viele Monumente errichtet. Die hier abgebildete Portikus gehört zum Hadriantempel in Ephesos.

74 Die Celsus-Bibliothek in Ephesos datiert aus dem Jahr 135 und repräsentiert den Höhepunkt der hellenistischen Kultur. Die erlesensten Flachreliefs des Gebäudes befinden sich heute im Kunsthistorischen Museum in Wien.

75 oben links In den antiken griechischen Städten war die Agora ein von Arkaden umgebener Platz, auf dem man Handel trieb, politische Diskussionen führte oder den neuesten Klatsch austauschte. Die Agora von Ephesos war 110 m lang und eine der größten der Welt.

75 unten links Das Odeion von Ephesos liegt am Beginn der so genannten Marmorstraße. Das Bauwerk mit seinen 1400 Sitzplätzen, das von P. Antoninus Vedius im Namen seiner Frau Flavia Papiana gestiftet wurde, war vermutlich mit Holz verkleidet.

Wenn man von dieser Gegend spricht, darf man auch Izmir an der Mittelmeerküste nicht unerwähnt lassen. Es handelt sich dabei um eine Megalopole, die dank ihres Status als Hafenstadt, sehr kosmopolitisch geworden ist.

Außerdem lädt Kusadasi zu einem Besuch ein. Der lebhafte Badeort mit herrlichem Blick auf die griechischen Inseln Chios und Samos, hat sich aufgrund seiner Nähe zum antiken Ephesos, in den letzten Jahren stark vergrößert.

Bei einem Besuch in Ephesos kann man sich ganz dem aufregenden Entdecken von archäologischen Schätzen hingeben. Eindrucksvoll sind die Ruinen der Stadt, die einer der wichtigsten Orte des Römischen Reiches war. Vom Artemision, dem Heiligtum der Artemis, das zu den sieben Weltwundern zählt, ist nur wenig erhalten. Aber im Herzen des antiken Ephesos wandelt man zwischen gut erhaltenen Brunnen, Thermen, Tempeln, Säulen und Theatern aus Marmor. Hier kontrastieren die formvollendeten Linien von Bauwerken wie dem Hadriantempel oder der Celsus-Bibliothek, deren Fassade von der Pracht des antiken Ephesos zeugt, mit der majestätischen Größe seines Theaters, das 25 000 Zuschauer fasste.

76 Der Tempel des Apollon Philesios in Didyma ist eines der bekanntesten Heiligtümer der Antike. Der gigantische Tempel misst 119 x 60 m. Die 122 Säulen, die das Gebäude stützten, waren 19 m hoch. Vom 3. Jahrhundert v. Chr. bis in die Römerzeit wurde an dem Monument gebaut, dennoch blieb es unvollendet.

76-77 Das beeindruckende Theater von Ephesos liegt an der gepflasterten Straße, die einst zum Hafen führte. Das grandiose hellenistische Bauwerk wurde zwischen 41 und 117 von den Römern wieder aufgebaut. Die cavea fasste 25 000 Zuschauer und war ursprünglich 30 m hoch.

*77 oben links
Dieses eindrucksvolle Marmorantlitz der Medusa zierte einst den Architrav des Didymaions. Bruchstücke architektonischer Elemente findet man zwar noch in Didyma, die schönsten Elemente* befinden sich heute jedoch im British Museum in London.

77 Mitte links Diese Marmorsäule ist Teil des Heraklestors in Ephesos. Sie zeigt den Helden gekleidet in das Fell des Nemeischen Löwen, den er besiegt hatte.

Die Ruinen im Hintergrund säumen die "Kuretenstraße", die bei einem Erdbeben im 4. Jahrhundert v. Chr. zerstört und sofort wieder erneuert wurde. Die Kureten waren Priester aus Kreta, die den Kult des jungen Zeus in Ephesos ausübten.

*77 unten links
Das Theater von Milet ist noch größer als jenes von Ephesos. Es wurde teilweise in einen Hügel gehauen, teilweise wird es von massiven Mauern gestützt. Das Theater befindet sich am Eingang der Stadt und überblickte einst den Hafen, der heute nicht mehr existiert. Die erste Sitzreihe zieren Inschriften mit den Namen und Titeln der Personen, für die diese Plätze reserviert waren.*

77 rechts Als sich der Meeresspiegel senkte, verlor die Stadt Priene den Zugang zum Meer und wurde an einen anderen Ort verlegt. Zwar machten dramatische Umstände diesen Schritt nötig, doch man hat einen wunderschönen Platz für die Stadt gefunden.

Jenseits von Kusadasi ist die Küste flach und sandig, mit kleinen tiefen Golfen. Im Hinterland aber trifft man immer wieder auf antike griechische Städte, archäologische Juwelen von seltener Schönheit, die in der Ebene des Mäander (Menderes) liegen.

Besonders schön an einem felsigen Bergausläufer liegt die antike Stadt Priene. Sie war ursprünglich eine ionische Gründung und wurde Mitte des 4. Jahrhunderts v. Chr. auf vier Terrassen über der Mäanderebene neu gegründet. Die fast völlig freigelegte Stadt vermittelt eine Vorstellung von einer griechischen Stadt mit typischem Gittergrundriss. Zu den bedeutendsten Monumenten gehören der Tempel der Athene Polias mit seinen ionischen Säulen, den Alexander der Große der Stadt stiftete, sowie ein kleines griechisches Theater mit einem Opferaltar des Dionysos.

An der Mündung des Mäander in die Latmosbucht liegt Milet, das mykenischen Ursprungs war und zur mächtigsten Stadt Ioniens wurde. Das gigantische Theater, das beinahe 30 000 Zuschauern Platz bot, versetzt jeden Besucher in Erstaunen. Es datiert aus dem 4. Jahrhundert v. Chr. und wurde von den Römern im 2. Jahrhundert n. Chr. vergrößert. Die Thermen der Kaiserin Faustina befinden sich ebenfalls in gutem Zustand.

In der Antike führte eine gepflasterte Straße von Milet nach Didyma. Hier befindet sich das Didymaion, das Orakelheiligtum des Apollon Philesios.

78 oben Ein Grab in der Nekropole von Hierapolis erhebt sich über den Kalksteinsinterterrassen der heißen Quellen von Pamukkale. Das kalkhaltige Wasser hemmt das Pflanzenwachstum in keinster Weise.

78 Mitte 190 v. Chr. gründete Eumenes II. Soter, König von Pergamon, die Stadt Hierapolis, wegen der heilkräftigen heißen

Quellen, die diese Region kennzeichnen. Später errichteten die Römern unter anderem das hier abgebildete Theater.

78 unten Das Nordtor von Hierapolis wurde unter Kaiser Domitian erbaut. Hinter dem Tor öffnete sich eine breite, mit Marmor gepflasterte Straße, die einst Häuser und Werkstätten säumten.

78-79 Diese beeindruckende Landschaft von beinahe surreal wirkendem Weiß besteht aus Kalksteinsinterterrassen. In Pamukkale, was so viel bedeutet wie "Baumwollburg", befinden sich die heißen Quellen, die diese außergewöhnliche Umgebung aus Becken, Terrassen und versteinerten Wasserfällen schufen.

Auf der Weiterreise Richtung Osten gelangt man zu den Kalksteinsinterterrassen von Pamukkale. Dieses geologische Wunder entstand durch das extrem kalkhaltige Wasser der Quellen, das im Lauf der Zeit Becken, Stalaktiten und ungewöhnliche Kalkformationen bildete. Aus der Ferne wirkt Pamukkale, das antike Hierapolis, wie eine Festung, die ebenso weiß ist, wie die angrenzenden Baumwollfelder. Die heißen Quellen in diesem Gebiet wurden wegen ihrer wohltuenden Wirkung bereits in der Antike geschätzt. Insbesondere kurierten sie Augen- und Hautleiden sowie Rheumatismus. Das antike Hierapolis war weithin bekannt für seine Bäder. Im Jahr 17 zerstörte ein Erdbeben die Stadt. Man baute sie jedoch wieder auf und im 2. und 3. Jahrhundert erlebte Hierapolis seine Blütezeit. Hier findet man außergewöhnliche Ruinen. Selbst am Boden der Becken mit ihrem milchweißen Wasser erhascht man einen Blick auf die Überreste von Säulen und Kapitellen, die einst die antiken Thermen zierten.

79 links Das Becken im Hotel Pamukkale ist in Wirklichkeit ein römisches Bad, auf dessen Grund Fragmente von Säulen und Kapitellen ruhen, die nach einem der vielen Erdbeben umstürzten. Die Römerstadt Hierapolis, die neben den versteinerten Terrassen liegt, wurde durch ein Erdbeben völlig zerstört.

79 rechts Die Kalksteinsinterterrassen von Pamukkale. Bis vor einigen Jahren durfte man noch in den Becken schwimmen. Nachdem sich jedoch erste Schäden und Verfärbungen zeigten, verbot die Regierung das Betreten dieses Naturwunders.

Inmitten der Baumwollfelder des anatolischen Binnenlandes liegt Aphrodisias, die Stadt der heiligen Liebesrituale. Sie war bereits in der frühen Bronzezeit bewohnt und hatte sich in der Zeit der Griechen und Römer ganz dem Kult der Göttin Aphrodite verschrieben. Heute beeindruckt der Ort seine Besucher mit zwei antiken Anlagen: mit dem Theater, das im 2. Jahrhundert in eine Arena für Gladiatorenspiele umgewandelt wurde, und mit den Ruinen des Stadions, das 30 000 Zuschauer fasste und eines der interessantesten griechisch-römischen Monumente der Welt ist. Aber auch die Ruinen der Hadriantherme sind beeindruckend, ebenso wie die Überreste des Gymnasions und des Tempels der Aphrodite, den die Byzanti-

ner in eine christliche Basilika umwandelten. Die vielen dekorativen Statuen, die man hier entdeckte, als man Aphrodisias zu Beginn des 20. Jahrhunderts freilegte, weisen auf die Existenz einer Bildhauerwerkstatt hin. Die Produkte dieser Werkstatt waren hoch geschätzt und wurden in das gesamte Römische Reich exportiert.

80 Glatte, gedrehte und kannelierte Säulen tragen den Tetrapylon von Aphrodisias, in der Nähe der Ruinen des Tempels der Aphrodite, nach der die Stadt benannt wurde.

81 oben links und unten links Die Überreste des Odeions (oben) und die Portikus des Tiberius (unten), in der sich einst Geschäfte und Werkstätten befanden.

81 oben rechts und oben Mitte rechts Gesamtansicht des Theaters und Detailansicht der Skene.

81 unten Mitte rechts und unten rechts In Aphrodisias findet man viele Ruinen einstiger Vergnügungsstätten. Neben dem Theater liegen zum Beispiel die Überreste des Stadions (oben) und des Odeions (unten).

81

82 links In der Burg, die Bodrum überragt, befindet sich ein Museum mit interessanten Meeresfundstücken. Heute ist die Stadt ein lebhafter und bekannter Badeort. Nichts erinnert mehr an das Mausoleum, das hier stand, und das einst zu den sieben Weltwundern gehörte.

82 rechts Die Kreuzritterburg des heiligen Petrus war in mehrere Abschnitte unterteilt, die Kreuzritter aus unterschiedlichen Ländern bewohnten. Auf dem Foto sieht man vorn den deutschen Turm, links den französischen und hinten rechts, halb verdeckt von der Vegetation, den italienischen.

Die moderne Stadt Bodrum entstand um die Kreuzritterburg des heiligen Petrus, die im frühen 15. Jahrhundert von den Johannitern aus Rhodos am Hafen errichtet wurde. In der Antike hieß der Ort Halikarnassos. Hier befand sich das Grabmal seines Gründers König Mausolos von Karien, das zu den sieben Weltwundern zählte. Das Mausoleum wurde zu Lebzeiten des Königs begonnen und von Artemisia, seiner Schwester und Gemahlin, vollendet. Es teilte jedoch das gleiche Schicksal wie so viele andere antike Monumente. Es wurde durch Erdbeben zerstört und seine Steine wurden als Baumaterial – in diesem Fall für die Burg des heiligen Petrus – wieder verwendet.

Auf der Halbinsel Resadiye zwischen Kos und Rhodos reihen sich herrliche Strände aneinander. Hier befinden sich die Überreste der antiken Stadt Knidos, die von den Dorern als Stätte der Wissenschaft und Kunst gegründet wurde. Für das Heiligtum der Aphrodite schuf Praxiteles die "Knidische Aphrodite", eine Statue, die bereits im Altertum berühmt war, jedoch nur in Kopien überliefert ist. Grabungen förderten neben dem Heiligtum der Aphrodite, die Stadtmauer und ein Theater zutage. Bodrum und Marmaris sind heute hauptsächlich als Badeorte bekannt, die den Beginn jenes Küstenabschnitts markieren, den man als Türkisküste bezeichnet und der bei Antalya endet.

82-83 Den Hafen von Bodrum dominiert die Kreuzritterburg des heiligen Petrus. Die lebhafte Stadt liegt an der Stelle des antiken Halikarnassos. Hier stand einst das Grabmal König Mausolos, das zu den sieben Weltwundern zählte.

83 links Marmaris verfügt über einen Hafen, schöne Hotels und Restaurants und ist bei Touristen sehr beliebt. Nur eine kleine, teilweise wieder aufgebaute Burg aus dem Mittelalter erinnert an die lange Geschichte der Stadt.

83 rechts Der Golf von Marmaris (oben) ist von üppiger Vegetation umgeben. Auf der Halbinsel, die sich jenseits der Stadt (Mitte und unten) erstreckt, findet man herrliche Strände und romantische Plätze. Die Pinienwälder reichen bis an den Strand und das Wasser ist klar und sauber.

84 oben links Der rötliche Fels an den Ausläufern des Taurus ist von Felskammergräbern überzogen. Auf dem Foto sieht man die Nekropole von Myra, einer antiken Stadt in Lykien, in der der heilige Nikolaus Bischof war.

84 Mitte links Die Felsgräber von Kaunos liegen über dem Fluss Kirenis, nicht weit vom Meer entfernt. Die Bewohner der antiken Stadt erlitten ein trauriges Schicksal. Sie wurden fast alle von der Malaria dahingerafft, die in diesem Sumpfgebiet häufig vorkam.

84 unten links Ein lykischer Sarkophag mit der charakteristischen Spitze, die von vier Pfeilern getragen wird. So sah das klassische lykische Grab für hoch gestellte Persönlichkeiten aus.

84 rechts In der gesamten Küstenregion des antiken Lykien stößt man immer wieder auf Felsnekropolen, aber der Komplex von Fethiye, dem antiken Telmessos, zählt sicher zu den spektakulärsten. Der Stil der Gräber ist von östlicher und hellenischer Architektur beeinflusst.

84-85 und 85 rechts Am Golf von Fethiye gibt es viele Strände und Buchten, die nur per Boot zu erreichen sind. Für alle Sonnenanbeter liegt hier das Paradies.

85 links Das prächtige Amintagrab, das um 350 v. Chr. aus dem rötlichen Fels gehauen wurde, ist einem ionischen Tempel nachempfunden. Beachtenswert ist der Fries des Tympanons.

Etwa 50 km östlich von Marmaris liegt Kaunos mit Ruinen eines Theaters, das eindeutig griechischen Ursprungs ist, einem korinthischen Tempel und römischen Thermen. Am interessantesten sind jedoch die in den Fels gehauenen Gräber, die aus dem 4. Jahrhundert v. Chr. stammen und deren Fassaden direkt über dem Meer liegen. Ähnliche Gräber findet man auch in Fethiye, das in der Antike Telmessos hieß und eine der bedeutendsten Städte Lykiens war. Zwar wurden viele wertvolle Ruinen in den Jahren 1956 und 1957 durch Erdbeben zerstört, aber die Felsgräber, die aus dem 6. bis 3. Jahrhundert v. Chr. datieren, blieben davon glücklicherweise verschont. Das am besten erhaltene Felsgrab, das Amintagrab, beeindruckt mit einer Fassade, die von zwei Säulen mit ionischen Kapitellen zwischen zwei eckigen Pilastern gestützt wird.

Die Gegend hinter Fethiye ist historisch äußerst interessant. Hier liegen Letoon, Xanthos und Myra. Letoon war Leto geweiht, der Mutter von Apoll und Artemis. Hier stehen die Ruinen dreier Tempel dieser Gottheiten. In Xanthos kann man ein römisches Theater und Sarkophage mit spitz zulaufenden Aufsätzen und herrlichem Reliefdekor besichtigen und Myra beeindruckt mit seiner Nekropole, deren Felskammergräber sich an einer zerklüfteten Felswand aneinander reihen.

87 unten links Von den dicken Mauern, die Antalya einst schützten, sind heute nur noch wenige Abschnitte erhalten. Dieses Foto zeigt den Hidirlik-Turm, der in der Römerzeit als Leuchtturm diente.

87 oben rechts Der Diden stürzt in der Nähe von Antalya als mächtiger Wasserfall über die Klippen ins Meer.

87 unten rechts Die klaren Linien des Mausoleums des Zincir Kiran Mehmet Bey in Antalya erinnern ein wenig an die Architektur Zentralasiens. Dort lebten die Vorfahren der heutigen Türken, ehe sie die Gebiete im Westen eroberten und ein mächtiges Reich gründeten.

Ölü Deniz, der als Fotomotiv beliebteste Strand der Türkei, befindet sich ebenfalls hier. Er markiert den Beginn der Küstenorte Kas und Kalkan. Das elegante Kas liegt an einer der schönsten Buchten der Türkisküste gegenüber der griechischen Insel Kastelorizon. Die malerische Altstadt war berühmt für ihre handgewebten Stoffe.

Fährt man die Küste in nördlicher Richtung entlang, gelangt man nach

86 links In den engen Gassen von Kas findet man Geschäfte aller Art und hervorragende Fischrestaurants.

86 rechts Gegenüber von Kas und seinem Golf liegt Kastelorizon, die östlichste Insel Griechenlands.

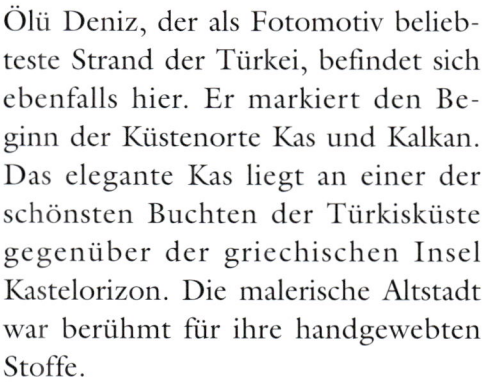

Antalya, der Hauptstadt der gleichnamigen südtürkischen Provinz. Hier befindet sich das archäologische Museum der Region. Sehenswert sind außerdem der alte Jachthafen, umgeben von osmanischen Holzhäusern. Im Osten wird der Jachthafen vom Hidirlik-Turm flankiert, einem römischen Leuchtturm, der im Mittelalter Verteidigungszwecken diente. Zu den Attraktionen in der Nähe von Antalya zählt der Wasserfall des Flusses Diden, der über die Klippen ins Meer stürzt.

86-87 Heute ankern im Hafen von Kas mehr Jachten als Fischerboote.

87 oben links Antalya ist zwar eine Großstadt, aber man findet hier noch einen intakten kleinen Hafen, der unter Kaiser Hadrian erbaut wurde. Das umgebende Viertel bilden hübsche osmanische Häuser.

Aspendos, das östlich von Antalya liegt, ist bei Touristen äußerst beliebt. Voller Erstaunen betreten die meisten Besucher das antike Theater. Das im 2. Jahrhundert erbaute Theater ist das besterhaltene und größte Kleinasiens. Dieses Meisterwerk römischer Architektur begründete den Ruhm von Aspendos, das dank seiner Produktion von Salz, Olivenöl und Teppichen mit gesponnenen Goldfäden eine der wohlhabendsten und bedeutendsten Städte Pamphyliens war. Kemal Atatürk war so begeistert von dem Theater, dass er es perfekt restaurieren ließ, damit dort wieder Konzerte und Aufführungen stattfinden können. Die Skene ist vollständig erhalten, es fehlt lediglich die Marmorverkleidung. Auf den Sitzreihen finden heute 15 000 Zuschauer Platz.

Nordöstlich von Antalya liegt Perge, das in der Antike ein großes und wohlhabendes Zentrum für Handel und Kultur war. Die Bewohner Perges behaupteten, von Kalchas und Mopsos abzustammen, zwei Sehern, die aus dem brennenden Troja geflüchtet waren und sich hier niedergelassen hatten. Ohne Widerstand zu leisten, ergab sich Perge Alexander dem Großen und vergrößerte sich bis zum Ausläufer eines Hügels, auf dem sich heute die Überreste der byzantinischen Akropolis befinden. Im Theater sind einige Marmorplatten erhalten, verziert mit Flachreliefs, die

einst die Skene mit Porträts des Dionysos zierten. Neben dem Theater liegt ein wunderschönes ovales Stadion, das 15 000 Zuschauern Platz bot. Die städtischen Thermen gehören zu den schönsten der Türkei und verfügten über Apodyterium (Auskleideraum), Sudatorium (Warmluftraum), Caldarium (Warmwasserbad) und Frigidarium (Kaltwasserbad). Die Fußböden und Becken sind mit Marmor verkleidet. Die meisten Statuen, die im archäologischen Museum in Antalya ausgestellt sind, stammen aus Perge.

88 links Im fruchtbaren Hinterland Antalyas stehen die Ruinen des Aquädukts von Aspendos, ein herrliches Beispiel für die Fähigkeiten der römischen Baumeister und Ingenieure. Der Name des Auftraggebers lautete Tiberius Claudius Italicus. Eine der Brücken war 850 m lang und noch heute stehen Überreste der Türme, die den Wasserfluss regulierten.

88-89 Das Theater von Aspendos ist das schönste Monument, das von der blühenden antiken Stadt erhalten ist. Es ist nicht wie üblich in einen Hügel integriert, sondern wird von massiven Mauern gestützt. In der cavea finden 15 000 Zuschauer Platz.

89 links Wie in Aspendos ist auch in Perge das Theater das bemerkenswerteste Monument. Es lehnt sich an einen Hügel und fasste 15 000 Zuschauer. Die cavea ist gut erhalten, die Skene wurde größtenteils restauriert. Die Stadt selbst ist sehr alt. Die erste Siedlung wurde vermutlich bereits im 11. Jahrhundert v. Chr. gegründet.

89 oben rechts Die majestätische Hauptstraße von Perge war 20 m breit und von Kolonnaden gesäumt. Sie führte zur Akropolis, auf der sich der Triumphbogen des Demetrios und des Apollonios befand. An einigen Säulen findet man das Porträt der Stadtpatronin Artemis Pergaia, das auch die damaligen Münzen zierte.

89 unten rechts Im 2. Jahrhundert v. Chr. gehörte Perge zum Pergamenischen Reich, fiel dann an Rom und erlebte in der römischen Kaiserzeit seine Blüte. Kampflos ergab es sich Alexander dem Großen. Perge war der Geburtsort des griechischen Mathematikers und Astronoms Apollonios. Vom Tempel der Artemis, der in der Antike weithin berühmt war, hat man bisher noch keine Ruinen gefunden. Das Foto zeigt das Haupttor der Stadt.

90 oben Durch das
römische Tor in der
massiven Mauer, die
Side umgab, gelangte
man in die Stadt.
In den ehemaligen
römischen Thermen
ist heute das
archäologische
Museum
untergebracht.

90 unten Vom
Tempel des Apoll in
Side sind nur diese
vier korinthischen
Säulen erhalten, die
noch einen Teil des
Ziergiebels und eine
Ecke des Tympanons
tragen. Im
Vordergrund liegt
ein Säulenkapitell.

91-94 Das schönste
Monument in Side,
einer ehemals aktiven
Handelsstadt, ist das
Theater
(2. Jahrhundert).
Es wird nicht von
einem Hügel, sondern
von massiven Mauern
gestützt.

95 *Mit etwas Fantasie erkennt man noch die Eleganz des Nymphäums (2. Jahrhundert) von Side mit seiner Fassade in korinthischem Stil. Ein Aquädukt leitete das Wasser vom Fluss Melas (Manavgat Çayi) hier her.*

Die flache Küste jenseits von Antalya gehörte zum historischen Kilikien. Sie ist von einem Netz aus Burgen der Osmanen und der Kreuzritter überzogen. Hier findet man Ruinen aus griechischer Zeit wie jene von Side, das auf einer in den Golf von Antalya vorspringenden Halbinsel liegt. Die Ruinen bilden einen grotesken Kontrast zu den modernen Hotelanlagen. Side wurde im 7. Jahrhundert v. Chr. von äolischen Kolonisten gegründet und später von Alexander dem Großen erobert. Nach seinem Tod regierten es die Seleukiden aus Pergamon. Sie machten Side zu einer bedeutenden Hafen- und Handelsstadt, die später von den Römern ausgebeutet wurde.

Der Verfall der Stadt begann erst im 12. Jahrhundert. Das archäologische Gebiet, das teilweise von einer Mauer umgeben ist, beginnt mit dem Teilstück eines Aquädukts, gefolgt von den Ruinen eines der bedeutendsten Monumente von Side, dem Theater. Es handelt sich dabei um ein außergewöhnliches Bauwerk, da die *cavea* nicht wie üblich an einen Hügel gebaut wurde, sondern von massiven Mauern gestützt wird. Neun Kanäle speisten das Becken in der Orchestra. Es konnte geflutet werden, damit man Naumachien darstellen konnte, die beliebten Seeschlachten, die in der Römerzeit in den Theatern aufgeführt wurden.

96 Das Museum von Alanya (oben links) verfügt über zahllose Mosaiken sowie römische und griechische Statuen. Aus Daphne, dem heutigen Herbiye, stammt ein Mosaik - hier ein Detail (unten links) -, das die vier Jahreszeiten darstellt. Das Mosaik aus Samandagi (oben rechts) datiert aus dem 2.-3. Jahrhundert. Es zeigt Dionysos und seine Gemahlin Ariadne beim Tanz.

Der Kurort Alanya liegt südöstlich von Antalya. Hier hielt sich schon Kleopatra gern auf und heute gehört der Ort zu den bestausgestatteten Touristenstädten. Die moderne Stadt erstreckt sich bis zu den massiven Befestigungsanlagen aus der Byzantinerzeit und ist von einer 8 km langen Mauer mit ehemals 50 Türmen umgeben. Die Reise geht weiter in Richtung der syrischen Grenze durch Anamur, Mersin und Iskenderun (das antike Alexandretta oder "Klein-Alexandria") und führt schließlich nach Antakya, dem antiken Antiochia.

96-97 Um die Festung von Alanya bauten die Seldschuken eine außergewöhnlich lange Mauer mit 50 Türmen, von denen einige jedoch nicht mehr existieren.

97 links Der Kurort Alanya ist vor allem bei Touristen aus Nordeuropa beliebt, die oft auch im Winter hierher kommen. Zahllose Hotels und Strandbäder säumen den langen Strand. Im Vordergrund des Fotos ist der achteckige Rote Turm (Kizil Kule) zu sehen, der am Kai steht. Er datiert aus dem 13. Jahrhundert und verdankt seinen Namen dem eisenhaltigen Gestein, aus dem er gehauen wurde.

97 rechts Früher befand sich innerhalb der zinnenbewehrten Mauer ein belebtes Stadtviertel. Heute wohnen nur noch wenige Menschen in diesem ältesten Teil Alanyas, der sich sein pittoreskes Aussehen bewahrt hat.

98 links Verzweifelt versuchen Archäologen, so viel wie möglich von Zeugma zu retten, ehe der antike Ort nahe Belkis für immer in den Fluten eines künstlichen Staudamms versinkt.

98 rechts Die spektakulären Mosaiken von Zeugma konnten noch nicht genau untersucht und klassifiziert werden, da die Archäologen sich zunächst darauf konzentrieren mussten, möglichst viele dieser Kunstwerke vor dem Staudamm zu retten.

In der Türkei trifft man überall auf die Überreste der Vergangenheit, aber nur wenige sind Gegenstand archäologischer Grabungen oder erhalten die Aufmerksamkeit, die ihnen zusteht. Viele Orte müssen noch erforscht werden. Einer davon war Zeugma, dessen wertvolle Schätze kurz ans Tageslicht gebracht wurden, anschließend jedoch sofort wieder in der Dunkelheit verschwanden. Es ist sinnlos, diesen Ort auf Landkarten oder in kunstgeschichtlichen Bänden zu suchen. Zeugma, das schon vor langer Zeit in Vergessenheit geriet, war auch in der Gegenwart nicht vom Glück begünstigt. Der Ort befindet sich in einem Gebiet der Südtürkei, das durch den Bau eines großen Staudamms nahe Birecik und Belkis überflutet wurde. Die unwiderrufliche Entscheidung der türkischen Regierung, dieses Projekt durchzuführen, setzte bei den Archäologen einen Wettlauf gegen die Zeit in Gang. Sie gruben Tag und Nacht und brachten so die jahrhundertealten Geheimnisse dieser Stadt ans Licht. Zeugma war im 3. Jahrhundert v. Chr. gegründet worden, als König Seleukos I. Nikator beschloss, unweit der syrischen Grenze eine Brücke über den Euphrat zu bauen. Das altgriechische Wort *zeugma* bedeutet "Verbindung". Die Stadt wuchs und im 1. Jahrhundert n. Chr. machten die Römer sie zum Hauptstützpunkt der IV. Legion und zum wichtigsten römischen Außenposten des Nahen Ostens. Später wurde Zeugma eine Station an der Seidenstraße und hatte etwa 60 000 Einwohner (ohne die 10 000 Soldaten, die dort stationiert waren).

Der Verfall dieser blühenden Stadt begann mit den Überfällen und Plünderungen der persischen Dynastie der Sassaniden, von denen sich Zeugma nicht mehr erholte. Tatsächlich ist ihr Name auch in keiner Chronik zu finden. Dennoch wird ihr Andenken durch die herrlichen Mosaiken bewahrt, die die Archäologen in letzter Sekunde der künstlichen Flut entrissen.

Nur wenige Kilometer von dieser versunkenen Stadt entfernt liegt Syrien. Dort beginnt eine andere Welt.

98-99 Ein intensiver Blick aus den Tiefen der Vergangenheit. Dieses Detail stammt von einem römischen Mosaik aus Zeugma, das sich derzeit im archäologischen Museum von Gaziantep an der syrischen Grenze befindet.

99 oben Die kunstvolle Ausführung der Mosaiken von Zeugma ist beeindruckend. Diese weit von Rom entfernte Stadt war für die Römer ein weiterer Ort, den sie mit ihren Kunstwerken und Monumenten verschönerten, als wäre er die Hauptstadt ihres Reiches.

99 unten Die Überflutung des Gebietes wurde mehrmals aufgeschoben. Der Euphrat benötigte nur drei Wochen, um Zeugma und seine Kunstschätze unwiederbringlich in den Fluten zu versenken.

ISTANBUL - DAS TOR ZUM ORIENT

100 rechts Die Moschee Büyük Meridiye Camii steht in Ortaköy, einer Vorstadt Istanbuls, die berühmt ist für ihre Cafés und für ihre mediterrane Atmosphäre.

100-101 Vergangenheit und Gegenwart stehen sich auf diesem Foto gegenüber. Die Bastionen der Rumeli Hisar, der "Europäischen Festung" erheben sich vor der neuen Bosporusbrücke.

101 links Eine der beiden "klassischen" Ansichten Istanbuls kann man von der Atatürkbrücke aus genießen. Links sieht man die schlanken Minarette der Neuen Moschee, im Hintergrund die Minarette der Hagia Sophia.

101 rechts Istanbul, das einstige Byzanz, das von 330 bis 1930 Konstantinopel hieß, wurde am 29. Mai 1453 von den Osmanen erobert.

Glaubt man einem erfahrenen Reisenden wie Mark Twain, sollte man sich Istanbul per Schiff nähern. Man segelt durch das Marmarameer und passiert den engen Bosporus, um an seinen beiden Ufern die aufragenden Minarette und Kuppeln der Moscheen zu erblicken, die ultramodernen, kühn entworfenen Brücken, die Wolkenkratzer, den jahrhundertealten Topkapi-Palast und das Labyrinth der Piers.

Nie zuvor erlebte die türkische Metropole solch ein soziales, politisches und kulturelles Durcheinander zwischen Ost und West wie im 20. Jahrhundert. Am stärksten werden die Kontraste am Stadtrand deutlich, wo sich die Neuankömmlinge vom Land niederlassen. Hier bestimmen die Religion und das islamische Gesetz den Alltag. Die Atmosphäre der Wohngebiete am Bosporus ist dagegen sehr europäisch und die Restaurants servieren Raki, den nationalen Branntwein aus Anis und Rosinen.

Die Urbanisierung hat die Grenzen Istanbuls stark verschoben. In jede Richtung breiten sich relativ planlos Bezirke aus, die selbst so groß wie Städte sind. Der kleinasiatische Stadtteil Üsküdar wuchs ins Unermessliche und das europäische Istanbul vergrößert sich unkontrolliert. Jüngsten Schätzungen zufolge leben über 7 Millionen Menschen in Istanbul.

Die Zeiten ändern sich hier so schnell, dass einem schwindlig wird. Für Besucher beginnt der erste Blick auf den Orient jedoch immer im historischen Zentrum, wo Byzanz, Konstantinopel und Istanbul ihren Ursprung hatten. Das komplexe Stadtgebiet wird vom Bosporus in zwei Bereiche unterteilt, die heute über zwei Brücken und über Fähren miteinander verbunden sind. Der europäische Teil wird darüber hinaus noch einmal durch den langen Fjord geteilt, den man Goldenes Horn nennt und den drei Brücken überspannen. Daher besteht Istanbul im Grunde aus drei Teilen, ganz zu schweigen von den hübschen Ortschaften an der Nordküste des Bosporus, die ebenfalls immer stärker urbanisiert werden.

Der historische Kern Istanbuls ist Sultanahmet, denn hier begann sowohl die mythologische als auch die chronologische Geschichte der Stadt: von der Ankunft des mystischen Königs Byzas aus Megara, dem Stadtgründer Byzanz', bis zur tragischen Liebe zwischen Hero und Leander; von der römischen Herrschaft bis zu Konstantins Entscheidung, die Hauptstadt des Römischen Reiches hierher zu verlegen; und von der Pracht und dem Niedergang des Osmanischen Reiches bis zur Regierung Kemal Atatürks.

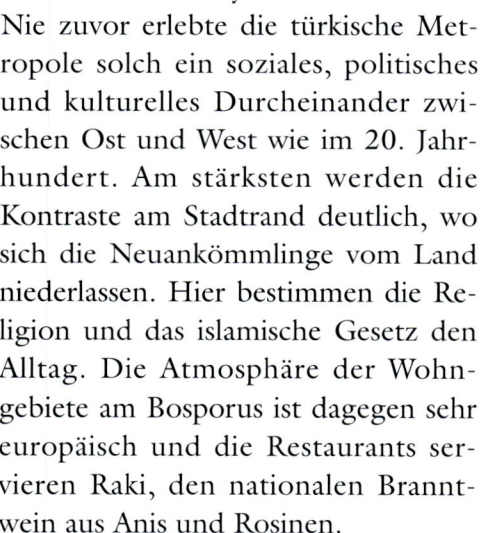

100 oben links Die typischen Holzhäuser in Üsküdar auf der kleinasiatischen Seite des Bosporus wurden kürzlich restauriert. Dahinter ragen die Mauern der Anadolu Hisar ("Anatolische Festung") auf.

100 unten links Der Bogen der ersten Bosporusbrücke überragt den weißen Beylerbeyi-Palast im Hintergrund. Der Palast ist eine der letzten königlichen Residenzen, die im 19. Jahrhundert von den Sultanen in europäischem Stil erbaut wurden.

102 links Die typischen Kuppeln des Harems im TopkapiPalast. Neben dem goldenen Käfig für die Frauen des Sultans, von denen hier früher bis zu 300 lebten, befanden sich im Palast auch die privaten Gemächer des Herrschers.

102 rechts Beinahe schmucklose Arkaden zieren die Gebäude des Harems. Intrigen, Putschversuche und barbarische Verbrechen wurden hier geplant, denn die Frauen waren die Machthaber hinter dem Thron.

102-103 Diese Ansicht von Istanbul zeigt die Ausmaße des Topkapi-Palastes, der auf einer Anhöhe über der Stadt und dem Bosporus thront.

103 links Der Brunnen mit drei Becken vor der Bibliothek Ahmeds III. ist reich verziert mit Friesen und kalligraphischen Motiven. Wasser war für die Osmanen so wichtig, dass sie im ganzen Reich prächtige Brunnen erbauen ließen.

Die Entdeckungsreise durch Istanbul beginnt mit dem Topkapi-Palast, der heute einerseits Staatsresidenz ist und andererseits als Museum dient. Die prunkvolle ehemalige Herrscherresidenz sah im Lauf der Jahrhunderte viele Sultane kommen und gehen, deren Leben sich zwischen grausamen Hofintrigen und luxuriösen Vergnügungen im Harem abspielte. Vor dem Haupteingang des Palastes steht der geschichtsträchtige Brunnen, in dem die Janitscharen nach den Exekutionen ihre blutigen Krummsäbel reinigten. Der Palast selbst ist ein stilistisches Durcheinander, das sich in vier große Höfe unterteilt, in die wiederum Terrassen und Gärten integriert sind. Vom Hof der Furcht einflößen-

103 oben rechts Im Frühling blühen in den Beeten rund um den Topkapi-Palast Tulpen, die Lieblingsblumen der Sultane.

103 Mitte rechts Die Bibliothek Sultan Ahmeds III., die 1718 für den kunst- und literaturliebhabenden Herrscher erbaut wurde, beherbergt unter anderem eine Sammlung kaiserlicher Gewänder und Kostüme.

103 unten rechts Der Topkapi-Palast war nicht nur die Residenz des Sultans, sondern auch der Verwaltungssitz des Osmanischen Reiches. Dieses Foto zeigt einen der Pavillons, in denen der Sultan Audienzen gab.

104 oben links Das Zentrum der großen Terrasse neben dem Bagdad-Pavillon beherrscht einer der vielen Brunnen, die den Topkapi-Palast zieren. Von dem vergoldeten Baldachin an der Balustrade hat man einen herrlichen Blick über Istanbul und den Bosporus.

104 Mitte links Die vielen von Kreuzgängen umgebenen Innenhöfe des Topkapi-Palastes bergen meist gepflegte Gärten. Einen dieser Höfe und seine umgebenden Gebäude bewohnten einst die Janitscharen, die gefürchtete Kerntruppe des Sultans, die großen Einfluss bei Hof genoss.

104 unten links Hinter dieser eleganten Portikus befinden sich die Hirka-i-Saadet, die Gemächer der Glückseligkeit. Es handelt sich dabei um überaus kostbar eingerichtete Räume für hoch gestellte Besucher, deren Wände Fliesen aus Iznik zierten.

104-105 Einer der größten und luxuriösesten Pavillons des Topkapi-Palastes beherbergt die kaiserliche Schatzkammer: Juwelen, goldene und silberne Ketten, Jade, Perlen, Diamanten, Rubine und Smaragde aus aller Welt, mit denen die Sultane ihre Dolche, Ringe und Kronen schmücken ließen. Auch der berühmte, ungeschliffene Topkapi-Diamant wird hier aufbewahrt.

105 links und rechts Die am wertvollsten ausgestatteten Räume des Topkapi-Palastes waren die Staats- und die Privatgemächer des Sultans. Allein die Größe der Küche belegt jedoch, dass dieser Komplex eine Stadt innerhalb der Stadt bildete. In den einstigen Wirtschaftsräumen ist heute eine kostbare Keramik- und Porzellansammlung ausgestellt.

106 Das türkische Wort divan bezeichnete ursprünglich die Versammlung führender Autoritäten, die die Staatspolitik und die Gesetze festlegten. Dieses Foto zeigt einen der Audienzsäle mit einem luxuriösen Baldachin, unter dem die Teilnehmer empfangen wurden.

107 oben links Jedes Detail des Topkapi-Palastes kündet von dem Luxus und dem Prunk, in dem die Sultane lebten. Man kann durchaus nachvollziehen, dass die europäischen Diplomaten und Besucher, die am Hof von Istanbul empfangen wurden, tief beeindruckt waren.

107 Mitte links Unter der arabesken Kuppel dieses vieleckigen Saales steht ein reich verziertes Kohlenbecken auf einem prächtigen Teppich. Türen und Fenster waren mit Brettern abgedeckt, die mit Schlitzen versehen waren, so dass man hindurchsehen konnte, ohne selbst gesehen zu werden.

den Janitscharen aus gelangt man in das Herz des Palastes mit den Regierungssälen, den Wirtschaftsräumen und dem Harem, der Teil des Komplexes war, in dem der Sultan mit seiner Familie lebte. Besucher sehen nur ein Zehntel dessen, was den Harem ausmacht: dekorierte Räume, Marmorbrunnen, Bäder sowie Innenhöfe mit Blumenbeeten und Schatten spendenden Bäumen.

Als Nächstes gelangt man in die Säle der kaiserlichen Schatzkammer. Dort befinden sich Dutzende Schaukästen mit Juwelen und anderen Kostbarkeiten, darunter der Kasikçinin Elmasi, ein Diamanten mit 86 Karat, und ein Smaragd, der über 3 kg wiegt. In der Regel waren die Sultane große Kunstliebhaber und ließen den Palast mit immer neuen Werken verschönern. Ein Beispiel dafür ist die Bibliothek Ahmeds III., in der heute prächtige Gewänder, edle Stoffe, Porzellan und Waffen ausgestellt werden.

107 unten links Obstkörbe und Buketts zieren die Wände dieses prunkvollen Raumes, der durch die geschickte Platzierung der Spiegel heller und größer wirkt. Die bunten Emailfelder umgeben Rahmen aus vergoldeten Steinchen.

107 oben rechts Blick in den Bagdad-Pavillon. Bemerkenswert ist die arabeske Nische mit Perlmutteinlagen. Die Fliesen an den Wänden zieren florale Muster. Die islamische Tradition verbietet die Darstellung menschlicher Figuren.

107 Mitte rechts Der Beschneidungssaal ist einer der schönsten Räume des Topkapi-Palastes. Hier schimmern unendlich viele Blautöne auf weißem Hintergrund, der unter dem verschwenderischen kalligraphischen Dekor kaum noch zu sehen ist.

107 unten rechts Ein Detail der Fliesenmosaiken aus Iznik, die den Beschneidungssaal zieren. Die Fliesen mögen nicht so wertvoll wie das Gold und der Marmor im Topkapi-Palast sein, ihre Wirkung ist jedoch von unerreichter Eleganz.

108 Dieser "Thron der Feste", über dem sich einst ein Baldachin erhob, stammt aus dem 16. Jahrhundert. Er besteht aus vergoldetem Walnussholz, das mit Rosetten verziert ist. Der Sultan nahm darauf ausschließlich bei religiösen Feierlichkeiten Platz.

108-109 Dieser Paradehelm ist mit damasziertem Gold, Türkisen und Rubinen verziert. Er datiert aus dem Jahr 1550, der letzten Regierungsphase Suleimans des Prächtigen (1494-

1566). Ein derart reich verziertes Objekt konnte keine praktische Funktion erfüllen, vermittelt aber einen Eindruck davon, wie die Sultane und Krieger im goldenen Zeitalter des Osmanischen Reiches gekleidet waren.

109 links In den Schaukästen der kaiserlichen Schatzkammer befindet sich auch dieser gebogene Dolch mit ungewöhnlich großen Smaragden am Griff und einer Metallscheide, die mit Diamanten besetzt ist. In einen der Smaragde ist eine

winzige Uhr aus der Mitte des 18. Jahrhunderts gebettet.

109 rechts Dieser Thron mit Baldachin wurde für Sultan Ahmed I. zu Beginn des 17. Jahrhunderts gefertigt. Naturalistische Motive aus kostbaren Materialien wie Elfenbein, Perlmutt, Bergkristallen und Edelsteinen zieren den Thron. An der Spitze sitzt eine Feder aus Bergkristall. Eine Art Anhänger aus Smaragden, Perlen und einem goldenen Medaillon hängt vom Baldachin herab.

110 oben links Diesen Krug zieren Unmengen an Rubinen und Smaragden, die Lieblingssteine des Sultans. Die goldene Fassung für die Steine stammt aus dem 16. Jahrhundert.

110 oben rechts Diese Karaffe mit achteckigem Fuß besteht aus einem einzigen Bergkristall. Die beiden Ausgussröhrchen werden von goldenen Ketten gehalten.

110 unten Alle Utensilien, die man für die von den Sultanen so heiß geliebte Kalligraphie benötigte, fanden in diesem Etui Platz. Es ist über und über mit Smaragden, Bergkristallen und Rubinen verziert und datiert aus dem 16. Jahrhundert, als der Wohlstand der osmanischen Herrscher seinen Höhepunkt erreicht hatte.

111 oben links Zu den vielen herrlichen Objekten im Museum des Topkapi-Palastes gehört auch dieses Schmuckstück, das als Brosche am Turban getragen wurde. Die Harmonie der verwendeten Materialien - Diamanten, Perlen und Gold - macht das Schmuckstück zu einem wahren Juwel.

111 oben rechts Der Kasikçinin Elmasi, der "Diamant des Löffelhändlers", ist von unbekannter Herkunft. Vermutlich stammt er aus Indien und gehörte Napoleons Mutter, ehe er an die Sultane verkauft wurde.

111 unten Nicht ein
Zentimeter dieses
Bucheinbands aus
dem 16. Jahrhundert
ist ohne Verzierung.
Der Einband, der
Sultan Murad III.
gehörte, ist mit
kleinen
Schmucksteinen,
Email, Gold und
perfekten
geometrischen
Mustern verziert.

112 links Massiv,
streng, eindrucksvoll:
So präsentiert sich die
Hagia Sophia von
den Gärten aus, die
sie umgeben. Allein
die Größe dieser
Kirche ist
überwältigend. Sie
wird von einer
riesigen Kuppel,
flankiert von zwei
Halbkuppeln gekrönt,
ein typisches
architektonisches
Merkmal aus der Zeit
ihrer Entstehung.

112 rechts Dieser
Blick auf die Hagia
Sophia zeigt die
Kuppel die auf hohen
schmalen Fenstern
ruht. Ihr
Durchmesser beträgt
31 m, ihre Höhe
55 m. Die Kirche
wurde auf den
Ruinen der früheren
Hagia Sophia erbaut,
die im Jahr 532
einem blutigen
Aufstand zum Opfer
fiel.

112-113 Die Hagia
Sophia aus der
Vogelperspektive. Die
Kirche wurde 532-
537 unter Kaiser
Justinian I. von
Anthemios von Tralles
und von Isidor von
Milet neu errichtet.
Kemal Atatürk ließ
sie 1934 in ein
Museum umwandeln.

Die Hagia Sophia, ist das bedeutendste
Bauwerk der byzantinischen Kultur. Sie
besteht aus Langhaus- und Kuppel-
rundbau. Kaiser Justinian I. ließ die
Kirche, die einem blutigen Aufstand
zum Opfer fiel, 532–537 von Anthemios von Tralles unter Mitarbeit von Isidor von Milet wieder aufbauen. Als die
Osmanen 1453 Konstantinopel eroberten, wurde sie in eine Moschee umgewandelt und 1934 von Atatürk in ein
Museum. Ihre Architektur war Vorbild
für die Markuskirche.

113 oben links
Das Spiel der Linien
in der Kuppel ist auf
diesem Foto deutlich
zu sehen. Über den
Säulengang gelangte
man in die Galerien,
die den Frauen
vorbehalten waren.
Viele Marmorelemente
stammen aus antiken
Monumenten zum
Beispiel aus Ephesos
und Baalbek.

113 unten links
Mit der Ankunft des
Islam wurden viele
Mosaiken, die
christliche Kirchen
zierten, zerstört oder
zugemauert. Die
Mosaike in der Hagia
Sophia zeigen unter
anderem den
Pantokrator, die
Jungfrau Maria, die
Apostel und einige
byzantinische Kaiser.

113 rechts Auf
diesem Foto erkennt
man gut, wie riesig
und eindrucksvoll das
Innere der Hagia
Sophia mit ihren
Galerien, Portiken
und den Täfelungen
aus farbigem
Marmor ist. Der
Fußboden ist
allerdings nicht mehr
original.

114 links Die Blaue Moschee hat 30 Kuppeln, von denen die größte 20 m breit ist. Sie wird im Innern von vier riesigen, flötenförmigen Säulen getragen, die einen Durchmesser von beinahe 5 m haben. Die Wände zieren blaue Fliesen, die dem Bauwerk seinen Namen gaben.

114 rechts In der Mitte der Ahmed-Moschee befindet sich, unter einem hellgrauen Baldachin, der sardivan, der "Ablutionsbrunnen". Der gesamte Hof ist von harmonischen Arkaden umgeben.

114-115 Luftaufnahme von der Blauen Moschee,

auch Ahmed-Moschee genannt. Sie wurde von Mohammed Aga, einem Schüler des großen Architekten Sinan, entworfen und 1616 fertig gestellt.

115 links und Mitte rechts Das Innere der Blauen Moschee wird von riesigen Kerzenleuchtern erhellt. Die Gewölbe bemalte der

Kalligraph Kasim Gubari. Auf dem Mihrab, der nach Mekka weist, befindet sich ein Fragment der Kaaba.

115 oben rechts Diesen Blick auf die Blaue Moschee genießt man von der Esplanade, die die Moschee von der Hagia Sophia trennt. Die Ahmed-Moschee

ist als einzige mit sechs Minaretten ausgestattet und wird von einer Mauer umgeben, die auch eine Medrese und eine Armenküche umschließt.

115 unten rechts Die Blaue Moschee mit dem Obelisken Theodosius' II. im Vordergrund. Der byzantinische

Kaiser hatte das Monument, das auf vier Kupferwürfeln ruht, einst auf dem Gelände des Hippodroms aufstellen lassen. Der aus Ägypten stammende Obelisk ist aus einem einzigen Porphyrblock gehauen und datiert aus der Regierungszeit Thutmosis III. (1490-1463 v. Chr.).

Die vielen kleineren Kuppeln, die die große Kuppel der Hagia Sophia umgeben, finden einen eleganten Ausgleich in den sechs schlanken Minaretten der nahe gelegenen Ahmed-Moschee. Sie ist wegen der herrlichen Fliesen aus Iznik im Innern auch als Blaue Moschee bekannt. Zur Ahmed-Moschee gehören eine theologische

Schule, eine Armenküche, ein Hospital und eine Karawanserei.

Von der byzantinischen Stadt ist nicht viel erhalten. Eine Ausnahme bildet das ovale Hippodrom, auf dessen Sitzreihen in der Antike die "Fans" während der Wagenrennen ihre Favoriten anfeuerten. Leider hat es heute nicht mehr viel mit dem prachtvollen Bauwerk gemeinsam, das es einst gewesen sein muss. Nur drei Teile des Hippodroms haben die Zeiten überdauert: der ägyptische Obelisk von Thutmosis III., die gewundene Säule aus dem Heiligtum des Apoll in Delphi und die Säule von Konstantin VII. Seit Jahrhunderten fehlen die prächtigen Bronzepferde, die 1204 von den Kreuzrittern nach Venedig gebracht wurden. Heute kann man sie in der Markuskirche bewundern.

Belebte Avenuen und kleine Gassen mit osmanischen Holzhäusern – von denen einige zu bezaubernden Hotels umgewandelt wurden – und Wohnanlagen von undefinierbarem Stil, führen zum Kapali Çarsi, dem Großen Basar. Einer der Eingänge zu diesem Handelsviertel befindet sich bei der Beyazit-Moschee, in der Nähe eines kleinen, schattigen Platzes, auf dem antike Bücher verkauft werden. Der Basar ist aufgrund seiner Architektur interessant, deren Hauptelemente Bogen und Galerien sind. Die Geschäfte haben viel von ihrer einstigen Faszination verloren. Neben den traditionellen Erzeugnissen wie Teppichen und Lederwaren findet man auch modernere Produkte wie Jeans und T-Shirt. Das Feilschen um den Preis ist nach wie vor eine langwierige Angelegenheit, die stets von dem rituellen Glas *elmali çay* (Apfeltee) begleitet wird. Der Basar besteht aus 4 000 Läden und beherbergt darüber hinaus Moscheen, Brunnen und Restaurants.

116 links Arkaden flankieren den Kapali Çarsi, den Großen Basar, zu dem auch Restaurants, Cafés, ein Postamt, Banken, die Polizeistation und Moscheen gehören. Der Basar ist täglich, außer sonntags, von 8:30 Uhr bis 18:30 Uhr geöffnet.

116 rechts Viele potentielle Kunden schlendern an den Schmuckauslagen der Basars von Istanbul vorbei. Türkisches Gold hat etwas weniger als 18 Karat und schimmert wegen seines Kupferanteils leicht rötlich.

116-117 Bis vor wenigen Jahrzehnten kauften die Bürger Istanbuls im Großen Basar alles ein, was sie zum täglichen Leben brauchten. Heute findet man auf dem Basar vor allem Kunsthandwerk und Teppichgeschäfte, die Touristen anlocken sollen.

117 links Ein Händler verkauft auf dem Basar simit, ein gesalzenes, donutähnliches Gebäck, das mit Sesam bestreut ist.

117 oben rechts und unten rechts Auf dem Misir Çarsisi, dem bunten Ägyptischen Markt, verströmen die Gewürze aromatische Düfte.

Kleiner und familiärer ist der Misir Çarsisi, der Ägyptische Markt, der sich gegenüber der Galatabrücke befindet. Hier waren einst Schwärme von Fischerbooten festgemacht, während die Besitzer der Boote frischen oder gebratenen Fisch verkauften. Mit all den Säcken, gefüllt mit duftenden Gewürzen, ungewöhnlichen Heilmitteln, Seifen, Süßwaren, Tees, Honig, Mandeln entspricht dieser Markt eher der europäischen Vorstellung von einem orientalischen Basar.

118 oben links Das Innere der Suleymanie-Moschee, an der von 1550-1557 gebaut wurde, ist geräumig und hell. Nach muslimischer Tradition ist der Boden mit weichen Teppichen belegt und der Gebetsbereich klar markiert. Die Großartigkeit der von Sinan entworfenen Gebäude liegt in ihrer Einfachheit und dem Verzicht auf architektonischen "Firlefanz".

118 Mitte links Im Innern des Mausoleums von Suleiman dem Prächtigen befinden sich die Sarkophage des Sultans und vieler Mitglieder der königlichen Familie. Bemerkenswert sind die weißen Stoffturbane, die auf einigen Särgen liegen. Die Fliesen aus Iznik an den Wänden zeugen von dem hohen künstlerischen Niveau jener Epoche.

118 unten links Im ersten Innenhof der Suleymanie-Moschee, direkt vor dem Eingang, steht der rechteckige Ablutionsbrunnen (sardivan) aus hellgrauem Marmor. Der große osmanische Architekt Sinan entwarf dieses Bauwerk nur wenige Jahre bevor er ein weiteres Meisterwerk schuf, die Moschee Selims II. in Edirne.

118 rechts Ein ungewöhnlicher Anblick: Die Suleymanie-Moschee im Winter. Sie ist die größte Moschee Istanbuls und steht auf einem Hügel über dem Goldenen Horn, dem Meeresarm, der die Altstadt in zwei Teile gliedert.

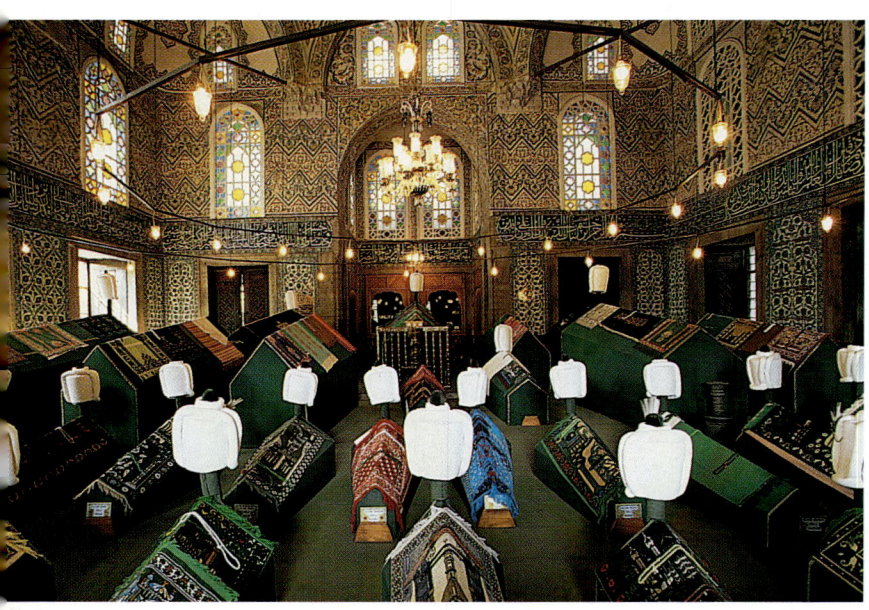

In unmittelbarer Nähe liegt die kleine wohl proportionierte Moschee Yeni Camii. Von hier führt ein faszinierendes Labyrinth aus engen Gassen mit kleinen Läden den Hügel hinauf zur großen Suleymanie-Moschee, einem Meisterwerk des Architekten Sinan, erbaut für Suleiman den Prächtigen. Die Gräber des Sultans und seiner Lieblingsfrau Roxelana befinden sich auf der Rückseite des Gebäudes.

118-119 Suleiman der Prächtige ließ sich eine riesige und eindrucksvolle Moschee erbauen. Für den Bau engagierte er Sinan, den berühmtesten Architekten des Osmanischen Reiches.

119 links Östlich der Suleymanie-Moschee liegt der Friedhof mit den Türben von Suleiman dem Prächtigen und Roxelana, seiner Lieblingsfrau. Dieses Foto zeigt das achteckige Mausoleum des Sultans, ein Werk des Architekten Sinan. Das Innere ist mit Marmor und Fayencen verziert.

119 rechts Die 24 byzantinischen Säulen aus rosa Granit und weißem Marmor, die den Hof im Vordergrund säumen, stammen aus dem Hippodrom.

120 links Über den Aquädukt Kaiser Valens' floss ab 363 das Wasser aus den Hügeln nördlich von Eyüp in das Stadtzentrum.

120 rechts Der Name der faszinierenden Yerebatan-Sarayi-Zisterne bedeu-tet "untergetauchter Palast" und genauso wirkt dieses Bauwerk, das im 6. Jahrhundert unter Kaiser Justinian I. erbaut wurde. Tat-sächlich handelt es sich jedoch um eine gewaltige Zisterne, die noch heute Wasser führt.

In der Nachbarschaft stößt man auf die wenigen Ruinen, die noch aus der Römerzeit stammen. Es handelt sich dabei um den Aquädukt des Kaisers Valens, der in der Antike das Wasser in die zahllosen unterirdischen Zisternen der Stadt brachte. Zu diesen Zisternen gehört auch die imposante Yerebatan-Sarayi-Zisterne, die unter Kaiser Justinian I. erbaut wurde und mit ihren 336 Säulen wie ein fantastischer unterirdischer Palast wirkt.

Am Ende des Goldenen Horns befindet sich ein weiterer Hügel, der für jeden Besucher Istanbuls ein Muss ist: Hier, im Stadtteil Eyüp, steht die Eyüp-Moschee. Sie ist Mohammeds treuem Anhänger und Standartenträger geweiht. Ein Friedhof mit hunderten von Grabsteinen umgibt die Moschee.

120-121 Die Moschee, die Eyüp, dem treuen Standartenträger des Propheten Mohammeds, geweiht ist, wurde 1458 im gleichnamigen Stadtteil erbaut.

121 links Blick in die nüchtern wirkende Kuppel der Eyüp-Moschee. Eyüp, einer von Mohammeds ergebensten Schülern, starb 670 während Yezids erfolgloser Belagerung an der Stadtmauer von Istanbul. Er wurde in seiner Moschee beigesetzt.

121 oben rechts Auf dem Friedhof der Eyüp-Moschee stehen viele Gräber. Die Grabsteine weiblicher Verstorbener schmücken Blumenreliefs, die der Männer ziert oft ein Turban.

121 unten rechts Im Innenhof der Moschee steht der überdachte Ablutionsbrunnen. Der Stadtteil Eyüp war einer der Lieblingsorte des französischen Schriftstellers Pierre Loti.

122 links
Der Pantokrator
scheint die Gläubigen
zu beobachten.
Jahrhundertelang
war die Erlöserkirche
eine Moschee.
Im Zuge der
Restaurationsarbeiten
wurde sie in ein
Museum
umgewandelt.

122 rechts Einige der
schönsten Mosaiken
befinden sich im
Exonarthex, dem
äußeren Vestibül einer

byzantinischen
Kirche. Das Foto
zeigt ein Mosaik
unter einer
Halbkuppel mit
einer Darstellung
aus dem Leben der
Jungfrau Maria.

122-123 Die
herrlichen Mosaiken
in der Erlöserkirche
(Kariye Camii)
haben den
Ikonoklasmus
beinahe unbeschadet
überstanden.
Heute zählen sie

wegen ihrer
kunstvollen
Ausführung und
der Wahl der Motive
zu den Kleinoden
der byzantinischen
Epoche.

123 oben rechts
Der Exonarthex der
Erlöserkirche
beherbergt die
schönsten
Mosaikzyklen der
byzantinischen Welt.
Das Vestibül diente
einst als
Begräbniskapelle.

Ein weiteres Juwel in diesem Teil der Stadt ist die Erlöserkirche, die heute das Kariye-Museum beherbergt. Das ursprünglich byzantinische Bauwerk, das außerhalb der Stadtmauern errichtet worden war, wurde in eine Moschee umgewandelt und vor den Ikonoklasten gerettet, indem man die herrlichen Fresken und Mosaiken abdeckte, die heute die besterhaltenen der Stadt sind. Neben Darstellungen des Pantokrators (des Allmächtigen), die Christus zeigen, der mit der rechten Hand die Gläubigen segnet, findet man hier auch Paneele mit Episoden aus dem Leben Christi, der Jungfrau Maria sowie Adams und Evas.

In den letzten Jahren des Osmanischen Reiches expandierte Istanbul auf die andere Seite des Goldenen Horns, auf den Hügel Beyoglu. Hier wurde auch der Prozess der Modernisierung eingeläutet.

123 unten rechts
Einst stand die
Erlöserkirche am
Stadtrand inmitten
von Feldern und
Weinbergen.
Daneben befand
sich ein Kloster, das

jedoch um 770
unter der Herrschaft
Konstantins V.
Copronymos,
eines fanatischen
Ikonoklasten,
aufgegeben wurde.

124 oben links Ein Tor des Dolmabahçe-Palastes, der am Bosporus anstelle eines Vergnügungspavillons aus dem 17. Jahrhundert erbaut wurde.

124 unten links Die monumentale Ehrentreppe beweist, dass dem Sultan Abd ül-Medschid und dem Architekten Balyan französische, österreichische und italienische Paläste als Vorbild dienten.

124 oben rechts Mit dem Bau des Dolmabahçe-Palastes war der endgültige Umzug des Hofes vom Topkapi-Palast an das Ufer des Bosporus besiegelt.

124 unten rechts Die Konstruktion der Kuppel im Thronsaal ist ein Triumph der dekorativen Kunst.

124-125 Der Dolmabahçe-Palast - hier der Thronsaal - wurde 1843-1856 als Manifestation der osmanischen Macht und Größe erbaut, die in Wirklichkeit bereits am Schwinden war. Der Lüster im Thronsaal wiegt über 4,5 t und trägt 750 Kerzen.

125 links Der 139 m hohe Galata-Turm wurde 1348 von Genuesern als Wachturm erbaut.

125 rechts Der 85 m hohe Beyazit-Turm auf dem Gelände der Istanbuler Universität wurde unter Mahmud II. im Jahr 1828 als Feuerwarte erbaut.

Davon zeugen unter anderem die Stadtteile Pera, Galata und Taksim mit ihren breiten Straßen, die von Gebäuden des Fin de Siècle flankiert werden. Der belebte Taksim-Platz unterscheidet sich nicht von ähnlichen Plätzen anderer Metropolen. Er ist umgeben von großen Hotels, einem Opernhaus, Geschäften, wie jene an den Boulevards Istiklal Caddesi und Cumhuriyet Caddesi, und Wohnvierteln mit prächtigen Avenuen. Ein Aperitif im Hotel "Pera Palace" ist zwar nicht unbedingt zeitgemäß, dafür aber ein Tribut an die Vergangenheit Istanbuls.

Die letzten Sultane, die so versessen auf Neuerungen waren, verließen 1840 den Topkapi-Palast und zogen in andere Residenzen, die ebenso prunkvoll wie dekadent waren. Sie befanden sich an den Ufern des Bosporus, dort wo auch die *yali* standen, die hölzernen, kaum erhaltenen Sommervillen der Aristokraten und anderer wohlhabender Persönlichkeiten aus Stambul (der alten Stadt am anderen Ufer).

Der Dolmabahçe-Palast, der bombastischste dieser Marmorpaläste, ist eine Mischung orientalischer Stile mit starken europäischen und neoklassizistischen Einflüssen. Hier wirkt alles riesig, glänzend und überladen. Allein der imposante Lüster im Thronsaal wiegt über 4,5 t.

Trotz all dieser Pracht beschloss Sultan Abd ül-Asis, einen weiteren Palast am Bosporus zu errichten. So entstand der Ciragan-Palast, der 800 m vom Dolmabahçe-Palast entfernt lag.

Er war hinsichtlich der Ausstattung (Spiegel, Stuckarbeiten, Kristallglas, Friese und Gärten) das exakte Abbild des Dolmabahçe-Palastes, wurde jedoch größtenteils durch Brandstiftung zerstört und später in ein Luxushotel verwandelt.

Am Ostufer des Bosporus liegt der dritte osmanische Palast des Fin de Siècle: der Beylerbeyi. Auch hier herrschen überall im Innern Prunk und Verschwendung. Riesige böhmische Lüster, kostbare Teppiche und wertvolles Porzellan aus Sèvres schmücken den Prachtbau.

Eine weitere Attraktion in der Umgebung von Istanbul sind die Prinzeninseln (Kizil Adalar) ca. 25 km südlich der Stadt in den Gewässern des Bosporus. Vier der neun Inseln sind bewohnt: Büyükada, Heybeliada, Burgazada und Kinaliada. Die Villen und Hotels der Inseln dienen Touristen und Einheimischen im Sommer als Refugium. Außerdem findet man hier erstklassige Fischrestaurants. Motorisierte Fahrzeuge sind auf den Inseln verboten. Man fährt mit Pferdekutschen *(fayton)* oder mit dem Rad.

MENSCHEN UND TRADITIONEN

126 unten rechts Diese Frau gehört zur eingeborenen Küstenbevölkerung der Türkei. Das islamische Gesetz verpflichtet Frauen nicht, ausschließlich Schwarz zu tragen.

126-127 Diese Familie lebt in Diyarbakir, dessen Wirtschaft sich vor allem auf die Agrikultur stützt. Die Region ist für ihr Obst (vor allem Melonen) berühmt, das im September auch mit vielen lokalen Festen gefeiert wird.

127 links Zwei Gesichter, die das typisch Türkische verkörpern: Die Frau, die ein schneeweißes Kopftuch trägt, und der Mann, ein älterer Patriarch mit seinem Barett, das als Ersatz für den Fes gilt, der von Kemal Atatürk abgeschafft wurde.

127 rechts Die Çayeria ist eine typisch türkische Einrichtung, in der nur verschiedene Teesorten in unterschiedlicher Süße ausgeschenkt werden. Die Blätter stammen aus den Anbaugebieten am Schwarzen Meer. Aus ihnen wird unter anderem der elmali çay, der Apfeltee, aufgegossen.

D ie Türken sind seit alters stolz auf sich und ihr Land – der anatolische Bauer ebenso wie der Geschäftsmann in Ankara oder Istanbul. Die meisten Türken sind Anhänger des Islam, nur wenige gehören christlichen Glaubensgemeinschaften an. Auch wenn sich die Neigung zu religiöser Strenge in letzter Zeit verstärkt hat, bleibt die Türkei ein Land, das sich auf der Suche nach Stabilität keine Exzesse erlaubt. Die islamische Haltung der meisten Menschen basiert auf Respekt und Einhaltung der Gesetze, ohne in fanatischen Fundamentalismus zu verfallen. Trotzdem sollten ausländische Besucher wissen, wie man sich in einem Land mit einer fremden Religion verhält. Man zieht zum Beispiel die Schuhe aus, ehe man eine Moschee betritt, kleidet sich nicht zu freizügig und genießt alkoholische Getränke nur in Maßen.

Der Grundbaustein der sozialen Pyramide ist die Familie, der in der Türkei eine große Bedeutung zukommt. Im Allgemeinen leben die Türken monogam und die Wünsche des Familienoberhaupts werden respektiert. Viele Ehen werden von den Eltern eines Paares arrangiert, allerdings stirbt dieser Brauch zumindest in jenen sozialen Schichten langsam aus, die dem Westen zugeneigt sind.

Das Stereotyp des schwarzhaarigen, schnurrbärtigen Türken trifft nur teilweise zu. An der Küste des Schwarzen Meeres und in Anatolien sieht man häufig blaugrüne Augen und blondes Haar, was gern auf die Gene der Truppen Alexanders des Großen zurückgeführt wird.

126 links Obwohl sich ihre Zahl bereits verringert hat, bieten die Nomaden in der Türkei noch immer einen gewohnten Anblick. Die Yörük sind das größte Nomadenvolk. Sie weisen jede staatliche Unterstützung zurück, die sie zwingen würde, sesshaft zu werden.

126 oben rechts Dieser schwimmende Obstmarkt wurde nahe Kekova aufgenommen. Die Händler sind Bauern, die ihre Produkte in den kleinen Küstendörfern verkaufen, die mit dem Boot problemlos zu erreichen sind.

Türkische Frauen sind weitgehend unabhängig und viele von ihnen üben einen Beruf aus. Zu Hause halten sie die Familie zusammen, ihre Ansichten, die sie frei äußern, werden respektiert. Sie arbeiten hart in ihren Berufen auf dem Feld, in Fabriken, in Schulen, in Büros und in verschiedenen handwerklichen Bereichen, wie zum Beispiel der Teppichweberei, die überwiegend von Frauen ausgeführt wird. Kelims und geknüpfte Teppiche werden noch immer mit jahrhundertealten Techniken gefertigt und tragen Muster, die sich auf Regen, Ernte und Fruchtbarkeit beziehen. Türkische Teppiche sind auf dem Weltmarkt sehr gefragt und eine wichtige Stütze der nationalen Wirtschaft.

*128 oben links
Küthaya hat Iznik als
führende
Produktionsstätte
hochwertiger
Keramik und
Fayence abgelöst.*

*128 unten links Die
Fertigung von
Klöppelspitze ist in
der Türkei weit
verbreitet und
verlangt viel
Fingerfertigkeit.*

*128 rechts Die
geometrischen Motive
der Kelims zieren
bereits Stoffstreifen,
die bei Grabungen im
prähistorischen Çatal
Hüyük zutage
gefördert wurden.*

*128-129 Dieses Foto
wurde im Museum des
Türkischen Hauses in
Ankara aufgenommen.
Es zeigt die
originalgetreue Repro-
duktion einer Küche
im Haus einer reichen
Familie vor
einhundert Jahren.*

*129 oben rechts
Das Pflücken der
Baumwolle war schon
immer Frauenarbeit.
Erst in jüngster Zeit
werden dafür immer
öfter Maschinen
eingesetzt.*

*129 Mitte rechts Die
Unmengen an
Baumwollfasern, aus
denen Garn oder*

*Wolle hergestellt wird,
werden gelagert,
bevor sie zu Ballen
gepresst und in die
Spinnereien gebracht
werden.*

*129 unten rechts
Bis vor wenigen
Jahren wurde die
Wolle ausschließlich
mit natürlichen
Substanzen gefärbt.*

130 Das türkische Badehaus ist ein Ort, an dem man Freunde trifft, Neuigkeiten austauscht und Geschäfte abschließt. Für Frauen sind die Hammams nur zu bestimmten Zeiten geöffnet, ansonsten bleiben sie den Männern vorbehalten.

130-131 Die Gewohnheit, ins Hammam zu gehen und sich dort massieren zu lassen, ist Teil der türkischen Tradition.

131 oben rechts und Mitte rechts Eine der beliebtesten Sportarten ist das Freistilringen, bei dem zwei unbewaffnete Gegner versuchen, sich gegenseitig zu Fall zu bringen. Um dies zu erschweren, ölen sie vor dem Wettkampf ihre Körper ein. Die einzige Bekleidung, die erlaubt ist, sind Lederhosen. Das Freistilringen entwickelte sich in der europäischen Region Thrakiens. Möglicherweise stammt es sogar aus der Römerzeit.

131 unten rechts Eines der bedeutendsten Ringkampfturniere der Türkei, das im Juni in Edirne stattfindet, wird musikalisch von einem Trommler untermalt und lockt stets eine begeisterte Zuschauermenge an.

Will man die Türkei richtig kennen lernen, genügt es nicht, Museen, Basare und Badeorte zu besuchen. In der Türkei gibt es viele Bräuche, Rituale und Traditionen, die Touristen nicht vorenthalten werden.

So bietet zum Beispiel das türkische Badehaus (Hammam) einen Genuss, den man sich nicht entgehen lassen sollte. Zwar gibt es nicht mehr so viele Hammams, seit beinahe jedes Haus mit einem eigenen Badezimmer ausgestattet ist, aber noch immer gehört das öffentliche Bad, das vermutlich ein Erbe der römischen und byzantinischen Kulturen ist, zum Alltagsleben. Die schönsten Hammams in den großen Städten wurden genauso liebevoll mit Marmor, herrlichen Fliesen, Brunnen, Kuppeln und farbigem Glas dekoriert wie die Moscheen.

Aber woraus besteht ein türkisches Bad? Nach einem langen Aufenthalt in heißem Dampf, werden die Badegäste von einem Masseur behandelt, wobei jede Menge kaltes Wasser zum Einsatz kommt. Danach ruht man sich aus, trinkt ein Glas Tee und unterhält sich. Männer und Frauen besuchen die Badehäuser zu unterschiedlichen Zeiten.

Neben dem Fußball begeistern sich die Türken vor allem für das Freistilringen (Yagli Güres), das aus Thrakien stammt. Die Ringer treten mit freien Oberkörpern an, die sie vorher mit Öl einreiben, um dem Gegner das Zupacken zu erschweren. Das populärste Ringkampfturnier, an dem oft 1 000 Wettkämpfer teilnehmen, findet alljährlich im Juli in Kirkpinar statt.

132 oben links Ein Muezzin ruft die Gläubigen von der Spitze eines Minaretts zum Gebet. Nach islamischem Gesetz muss man fünfmal täglich zu Allah beten.

132 unten links Gläubige in der Moschee von Edirne, einem der Meisterwerke des osmanischen Architekten Sinan. Dieses Foto wurde im Ramadan aufgenommen, jenem Monat, in dem der

Koran die Nahrungsaufnahme bei Tageslicht verbietet, um den eigenen Willen zu stärken. Im Hintergrund sieht man die hübschen Muster der Fliesen aus Iznik.

132 rechts Eine faszinierende Aufnahme in der Blauen Moschee von Istanbul. Im Hintergrund erkennt man das elegante Profil der hohen Kanzel, von der aus der Imam spricht.

Religiöse Feiertage werden in der Türkei mit feierlichem Ernst von der ganzen Familie begangen. Die Daten richten sich nach dem islamischen Kalender und variieren jedes Jahr. Das Opferfest *(Kurban Bayrami)* ist den Islam ebenso bedeutend wie für Weihnachten für das Christentum. Es wird in Gedenken an Abraham gefeiert, der so gottesfürchtig war, dass er bereit war, dem Herrn seinen Sohn Isaak zu opfern. Zu diesem Fest schlachtet jede Familie ein Zicklein und isst es, jedoch nicht, ohne es mit den Bedürftigen zu teilen. Die vier Feiertage des Opferfestes fallen in der Regel in den Zeitraum zwischen Spätfrühling und Frühsommer. Oft werden Freunde eingeladen und man fährt hinaus aufs Land, um unter freiem Himmel zu feiern.

Im Ramadan, dem islamischen Fastenmonat, darf 30 Tage lang tagsüber nichts gegessen werden, doch dieser Brauch wird nur in jenen Gegenden des Landes so streng eingehalten, in denen der Islamismus herrscht. Das Ende des Ramadan wird *Seker Bayram* genannt und dauert drei Tage, in denen man Geschenke austauscht und sich mit Süßigkeiten verwöhnt. Diese drei Tage sind natürlich die Lieblingsfeiertage der Kinder.

Neben religiösen Feiertagen gilt auch eine Hochzeit als äußerst bedeutendes Ereignis, bei dem die Familien zunächst vollkommen damit beschäftigt sind, sich gegenseitig zu besuchen und Geschenke auszutauschen. Die Feierlichkeiten enden an dem für die Eheschließung festgelegten Tag mit einem pompösen Fest, das oftmals die gesam-

133 Das Innere der Suleymaniye-Moschee in Istanbul während des Freitagsgebets. Trotz Atatürks Versprechen, die Türkei zu einer weltlichen

Nation zu machen, hat das Wiederaufleben des Islam auch dieses Land berührt und die Moscheen füllen sich wieder mit Gläubigen.

ten Ersparnisse der Familie erschöpft. Die Türken lieben Musik. Zur Zeit des Osmanischen Reiches ließen die Janitscharen ihre brutalen Kämpfe sogar von einer eigenen Kapelle musikalisch untermalen. Einst zogen fahrende Musikanten und Geschichtenerzähler *(asik)* durch Anatolien und brachten Abwechslung in den Alltag der Dorfbewohner. Heute hören die Türken neben der vorherrschenden westlichen Diskomusik noch immer gern die traditionelle Musik mit ihren hübschen Melodien, aber oftmals befremdlichen Texten.

REGISTER

136 *Am Fuß des Mausoleums von Antiochos I. von Kommagene auf dem Nemrut Dag in Ostanatolien, leuchtet dieses rätselhafte* *Antlitz des Herakles in der Morgensonne. Mit dem Mausoleum erfüllte sich der Herrscher den Wunsch, der Nachwelt in Erinnerung zu bleiben.*

Karte von Michela Auricchio

FOTONACHWEIS

Archivio White Star. S. 2–3, 4–7, 33 Mitte links, 40 oben links, 40 oben rechts, 40 Mitte, 40 unten, 41.

Antonio Attini/Archivio White Star: S. 12 oben, 17 unten rechts, 24 links, 24 rechts, 25 unten, 72 oben links, 73 oben links, 73 Mitte rechts, 73 unten rechts, 74, 75 oben links und unten links, 75 Mitte rechts und unten rechts, 76 oben, 77 oben links, 77 Mitte links, 80, 81 oben links, 81 unten links, 81 oben rechts, 81 oben Mitte rechts, 81 unten Mitte rechts, 81 unten rechts, 88 oben links, 88 unten links, 88–89, 89 oben links, 89 Mitte rechts, 89 unten rechts, 90 oben und unten, 91.

Marcello Bertinetti/Archivio White Star. S. 10 Mitte links, 68 oben links, 84 oben links, 126 links, 126 unten rechts.

MassimoBorchi/Archivio WhiteStar. S. 1, 8 links, 10 oben links, 10 unten links, 10, 11, 11 oben links, 12–13, 13 oben rechts, 13 Mitte rechts, 13 unten rechts, 17 oben links, 17 unten links, 50 unten rechts, 50–51, 51 links, 51 oben rechts, 52 oben links, 52, 53, 53 unten links, 53 oben rechts, 53 Mitte rechts, 53 unten rechts, 56 oben links, 56 oben rechts, 56–57, 57 oben, 57 Mitte, 57 unten, 58 oben links, 58 oben rechts, 58–59, 59 oben links, 60 oben links, 60 oben rechts, 60–61, 61 oben links, 61 oben rechts, 61 Mitte rechts, 61 unten rechts, 64 oben, 64–65, 65 oben links, 65 Mitte, 65 oben rechts, 65 unten rechts, 70 oben, 70 Mitte, 70 unten, 71 oben links, 71 oben rechts, 78 oben, 78 Mitte, 78 unten, 78–79, 79 oben links, 79 oben rechts, 82 oben links, 82 oben rechts, 82–83, 83 oben, 83 oben rechts, 83 Mitte rechts, 83 unten rechts, 84 oben rechts, 85 oben links, 86 oben links, 86 oben rechts, 87 oben links, 87 Mitte links, 87 Mitte rechts, 87 unten rechts, 92, 95, 96 Mitte links, 96 oben rechts, 96 unten links, 96–97, 97 oben links, 97 oben rechts, 100 oben links, 100 unten links, 100 unten rechts, 103 Mitte links, 103 Mitte rechts, 104 oben links, 107 oben rechts, 107 unten rechts, 112 oben links, 113 oben links, 113 Mitte links, 113 rechts, 114 oben links, 115 oben rechts, 115 unten, 1 16–117, 117 Mitte rechts, 117 unten rechts, 118 oben links, 118 Mitte links, 118 unten links, 118–119, 120 oben rechts, 120–121, 121 oben links, 121 Mitte rechts, 121 unten rechts, 122–123, 124 unten links, 124 unten rechts, 124–125, 128 oben rechts, 128–129, 131 oben rechts, 131 Mitte rechts, 131 unten rechts, 136.

Araldo De Luca/Archivio White Star: S. 22.

Giulio Veggi/Archivio White Star: S. 14–15, 100– 101, 101 oben links, 102 oben links, 102 oben rechts, 102–103, 103 oben rechts, 105 oben links, 107 Mitte links, 107 unten links, 112 oben rechts, 112–113, 114 oben links, 114–115, 115 unten rechts, 116 oben, 117 oben links, 118 rechts, 119 oben links, 119 oben rechts, 120 oben links, 122 oben links, 122 oben rechts, 123 unten rechts, 124 oben links, 124 oben rechts, 125 oben links, 125 oben rechts, 132 oben links.

AISA: S. 38–39, 66 oben links, 66 oben rechts, 68 oben rechts, 68–69, 69 oben, 69 unten.

AKG: 31 rechts.

Felipe Alcoceba: S. 17 oben rechts, 50 Mitte rechts, 62 oben links, 70–71, 72 oben rechts, 72–73, 76–77, 101 oben rechts.

AP Press: S. 98 oben links, 98 oben rechts, 98–99, 99 Mitte, 99 unten.

A. A. C Image/SIE: S. 11 oben rechts, 104 Mitte links.

Gerard Blot/Réunion des Musées Nationaux. S. 25 oben.

Cristophe Boisvieux: S. 104 unten links.

Carlo Borlenghi/Sea & See/Vision: S. 55 unten rechts, 129 Mitte rechts.

The Bridgeman Art Library: S. 18 links, 18 unten, 30 oben, 30 Mitte, 30 unten rechts, 33 rechts, 35 Mitte rechts, 36 oben rechts, 39 unten.

H. Cangokee – C. Ceti/Réunion des Musées Nationaux: S. 31 unten.

M. Cristofori/SIE: S. 128 oben links, 130 oben, 130–131.

Giovanni dagli Orti:– S. 22–23, 27 unten, 36–37, 37 oben.

Double's: S. 18–19, 20, 21 links, 21 Mitte rechts, 21 unten 28–29, 29 oben, 29 32, 34, 35 links, 36 unten, 39 oben, 54 unten rechts.

Mary Evans Picture Library: S. 42 oben, 45 unten.

Foschi/Focus Team: S. 77 unten links.

Fototeca Storica Nazionale: S. 26–27, 33 unten links, 35 oben rechts, 42 unten links, 42 unten rechts, 42–43, 43 unten links, 44 oben.

F Giaccone/Marka: S. 50 links, 59 unten rechts, 127 oben rechts.

Lauren Grandadan/France Speranza: S. 84–85.

Ara Guler/Magnum: S. 48–49.

R. Hackenberg/Zefa: S. 55 Mitte rechts.

H.S. Huber/SIE: S. 123 Mitte rechts.

Izzet Keribarar/Vor Ort: S. 52 oben rechts, 54 oben links, 54–55, 55 oben rechts, 62 unten links, 66–67, 67 oben links, 77 oben links, 126 Mitte rechts, 126–127, 127 oben links, 128 unten links, 129 unten rechts, 132 unten rechts.

Herri Lewundowski/Réunion des Musées Nationaux: S. 43 unten rechts.

Namikawa Foundation, Shimane: S. 108, 108–109, 109 rechts, 110 Mitte links, 110 Mitte rechts, 110 unten, 111 oben links, 111 oben rechts, 111 unten.

NASA: S. 8–9, 9 oben links, 9 oben rechts.

Andrea Pistolesi: S. 62 Mitte links, 62–63, 63 oben links, 63 oben rechts, 103 unten rechts, 104–105, 106, 107 oben links, 107 Mitte rechts.

Réunion des Musées Nationaux: S. 30 unten links.

Carlo Stoppa/SIE: S. 85 oben rechts, 86–87.

Taner/Zefa: S. 132 rechts, 133.

Nico Tondini/Focus Team: S. 59 Mitte rechts, 84 Mitte links, 84 unten links, 105 oben rechts, 129 oben rechts.

Wim Van Cappellen/Contrasto: S. 49 rechts.

Roger Viollet/Contrasto: S. 44–45, 45 oben, 46 oben, 46 unten, 46–47, 47 unten links, 47 unten rechts, 48 oben, 48 unten.